Michael Klein-Landeck

W0299075

Fundgrube für die

Freiarbeit Englisch

Praxismaterialien zum selbsttätigen Lernen nach Montessori

Auer Verlag GmbH

Gedruckt auf umweltbewusst gefertigtem, chlorfrei gebleichtem
und alterungsbeständigem Papier.

2. Auflage 2009
Nach den seit 2006 amtlich gültigen Regelungen der Rechtschreibung
© by Auer Verlag GmbH, Donauwörth
Alle Rechte vorbehalten
Das Werk und seine Teile sind urheberrechtlich geschützt. Jede Nutzung in anderen als den gesetzlich zugelassenen Fällen bedarf der vorherigen schriftlichen Einwilligung des Verlages.
Hinweis zu § 52 a UrhG: Weder das Werk noch seine Teile dürfen ohne eine solche Einwilligung eingescannt und in ein Netzwerk eingestellt werden. Dies gilt auch für Intranets von Schulen und sonstigen Bildungseinrichtungen.
Illustrationen: Björn Okesson, Steffen Jähde
Satz: YellowHand GbR, Köngen, www.yellowhand.de
Druck und Bindung: Kessler Druck + Medien, Bobingen
ISBN 978-3-403-0**6162**-5

www.auer-verlag.de

Vorwort

Als ich vor einigen Jahren als Tutor die Montessori-Klasse einer Hamburger Gesamtschule übernahm und dort auch Englisch unterrichten sollte, verfügte ich schon über theoretische und praktische Kenntnisse der Montessori-Pädagogik und kannte viele Montessori-Materialien. Jedoch war mir auch bewusst, dass die italienische Pädagogin leider nie Material für Fremdsprachen entwickelt hatte. Also bestand nun auch meine Hauptaufgabe darin, „die Idee zu verstehen und nach ihren Angaben voranzuschreiten", ganz im Sinne eines Zitats von Maria Montessori selbst.

Die Materialien für die Englisch-Freiarbeit, die im vorliegenden Buch beschrieben werden, sind alle aus der Praxis entstanden und im eigenen Unterricht erprobt. Sie haben sich auch im Englischunterricht der Kollegen in den Regelklassen unserer Schule bewährt. Man kann daher sagen, dass pädagogische Prinzipien Maria Montessoris in die Entwicklung dieser Lernmaterialien eingegangen sind, diese aber mit Gewinn in jedem Unterricht eingesetzt werden können.

Es wurde darauf geachtet, dass die vorgestellten Materialien ohne großen finanziellen und materiellen Aufwand selber hergestellt werden können, dass sie ein selbsttätiges und kooperatives Lernen mit allen Sinnen ermöglichen und verschiedene Lerntypen ansprechen, dass sie zum handlungsorientierten Arbeiten motivieren und eine selbstständige Lernkontrolle erlauben. Insofern sind sie eben nicht nur für die Montessori-Freiarbeit geeignet, sondern für jede Form binnendifferenzierenden Unterrichts.

Zum Umgang mit diesem Buch:

Diese Unterrichtshilfe gliedert sich in **drei Hauptteile**: Im ersten Teil, dem **theoretischen Teil**, finden Sie Ausführungen zu Bedeutung und Grundprinzipien des Fremdsprachenunterrichts in der Montessori-Pädagogik sowie Hinweise, wie Freiarbeitsmaterial nach Montessori hergestellt werden kann. Abschließend wird aufgezeigt, wie sich ein Klassenraum als „Vorbereitete Umgebung" gestalten lässt und Englisch-Freiarbeit im Stundenplan verankert werden kann.

Im **praktischen Teil** finden Sie 44 Anleitungen zur Herstellung von Materialien für die Freiarbeit im Fach Englisch, wobei diese nach Lernbereichen geordnet sind (z. B. Wortschatzerweiterung, Lese- und Hörverstehen, englischer Satzbau, Sprech- und Schreibanlässe etc.). Jede Anleitung gliedert sich in die Abschnitte *pädagogische Zielsetzung*, *Material* und *Kommentar*, wo Sie genauere Hinweise zu Arbeitsweisen, Transfermöglichkeiten, Übungsvariationen etc. finden. Farbfotos der fertigen Produkte illustrieren die Anleitungen und erleichtern das Nachbasteln.

Im **Materialienteil** finden Sie nützliche Kopiervorlagen, die Ihnen bei der Erstellung der Materialien behilflich sind. Natürlich lassen sich diese nach individuellen Wünschen und Bedürfnissen gestalten und verändern.

Die vorliegenden Arbeitsmittel und Ideen für den Englischunterricht wurden in den letzten Jahren in zahlreichen Seminaren, Workshops und auf Lehrer-Fortbildungen im In- und Ausland vorgestellt und stießen dort auf große Resonanz. Insofern bin ich dem Auer Verlag zu großem Dank dafür verpflichtet, dass er meine Lernmaterialien für die Englisch-Freiarbeit mit dieser Veröffentlichung nun größeren Kreisen interessierter Kolleginnen und Kollegen zugänglich macht. Insbesondere danke ich meiner Lektorin, Frau Sandra Schilling, für die gute fachliche Betreuung meiner Arbeit, die hilfreichen Hinweise und ihre freundliche, aufmunternde Art.

Mein ganz herzlicher Dank gebührt meiner Frau Ilka für die schönen Fotos und ihre moralische Unterstützung dieses Projekts.

Hamburg, im Oktober 2009 — Dr. Michael Klein-Landeck

1. Bedeutung der Fremdsprachen in der Montessori-Pädagogik

*„Wenn früher eine einzige Sprache ausreichte,
so ist es heute dringend notwendig, verschiedene Sprachen zu lehren."*

(Maria Montessori)

Sprachen sprechen – Menschen verstehen – Grenzen überwinden. So lässt sich der komplexe Zusammenhang auf eine knappe Formel reduzieren, den bereits die italienische Reformpädagogin Maria Montessori (1870–1952) in aller Differenziertheit vor Augen hatte. In einem Dokument zur Pädagogik der Sekundarstufe, ihrem sogenannten *Erdkinderplan*, formuliert sie dazu: „In der Tat sind Worte das natürliche Mittel, um Gedanken auszudrücken und folglich die Verständigung unter den Menschen herbeizuführen" („Kosmische Erziehung", 2. Aufl. Freiburg 1993, S. 150).

Montessori erkennt, dass politische und technische Entwicklungen, weltweite Kommunikation, die Globalisierung von Handel, Wissenschaft und Kultur, Verkehr und Tourismus die Menschheit trotz weltanschaulicher Unterschiede und religiöser Gräben zu einer großen Einheit zusammenwachsen lassen. Weltweit stehen Menschen in Beziehung zueinander, sind aufeinander angewiesen und voneinander abhängig. Alle sind „Bürger der großen Nation der Menschheit" (Das kreative Kind, 5. Aufl. Freiburg 1984, S. 45): *La Nazione Unica*. Ab den 1930er Jahren reflektiert sie mögliche pädagogische Antworten auf dieses rasante Zusammenwachsen der Menschheit zur Einen Welt: Wie lassen sich junge Menschen auf das **friedliche Zusammenleben in der multikulturellen Weltgemeinschaft** vorbereiten, in der Differenzen nicht aufgehoben sind, sondern koexistieren?

Unter anderem misst sie in diesem Kontext auch dem **Fremdsprachenerwerb eine zentrale Bedeutung** bei. Dabei reflektiert sie keineswegs nur den praktischen Gebrauchswert von Sprachkenntnissen, der etwa beim Einkauf im Urlaubsort oder bei der Frage nach dem Weg zum Tragen kommt. Vielmehr geht es Montessori um die Erkenntnis, dass die Beherrschung moderner Sprachen für die **interkulturelle Kommunikation** zwischen den Menschen und damit auch für ein **harmonisches Zusammenleben** unerlässlich ist. Sprachliches Verstehen ermöglicht gedankliche Verständigung und geistige Auseinandersetzung als Basis für das Überwinden von Schranken und ein friedliches Miteinander. So gilt Montessori die **Mehrsprachigkeit als Schlüsselkompetenz**, die zur Erweiterung geistiger Horizonte führe. Sie öffne den Blick für Gemeinsames und Trennendes zwischen den Kulturen, fördere gegenseitiges Verständnis und trage zur Verhinderung von Vorurteilen bei.

Montessori war Kosmopolitin und verbrachte viele Jahre ihres Lebens fernab der italienischen Heimat. Neben längeren Aufenthalten in Barcelona (1916–1936), Indien (1939–1949) und den Niederlanden (bis 1952) führten Vortragsreisen, Kurse und Kongresse die *Dottoressa* in verschiedene Teile der Welt. Doch trotz dieser Internationalität ihres Wirkens **spielen weiterführende Überlegungen zur Gestaltung eines Fremdsprachenunterrichts** nach ihren pädagogischen Leitsätzen **leider bei ihr keine Rolle**. Das ist umso bedauerlicher, als sie in ihren Ausführungen zum Phänomen der *sensiblen Perioden*, also den für das Lernen besonders günstigen Zeitfenstern in der menschlichen Entwicklung, wiederholt auf die **Leichtigkeit des Spracherwerbs in bestimmten Phasen** verweist. Ein Gedanke, der inzwischen die Diskussion um den frühen Fremdsprachenbeginn beherrscht und die Gestaltung des Englischunterrichts an Grundschulen geprägt hat …

Klein-Landeck: Fundgrube für die Freiarbeit Englisch © Auer Verlag GmbH, Donauwörth

2. Praxis des Fremdsprachenunterrichts an Montessori-Schulen

Auch an Montessori-Schulen wird in der Regel, gemäß den Richtlinien des jeweiligen Bundeslandes, Englisch als erste Fremdsprache unterrichtet. Da hier nicht wie in anderen Lernbereichen auf entsprechende Methoden und Materialien zurückgegriffen werden kann, betritt man beim Englischunterricht an Montessori-Schulen gleichsam pädagogisches Neuland. Welche besonderen Lernangebote werden dort aber bereitgehalten? Und gibt es vielleicht doch eine Montessori-spezifische Methodik für die Vermittlung von Fremdsprachen? (Vgl. dazu die Schulleiterbefragung in Klein-Landeck 2000a).

2.1 Das Konzept des Total Physical Response

An den niederländischen Montessori-Grundschulen (für 4–12jährige) wurde bereits in den 1980er Jahren ein Konzept für das Englischlernen nach Montessori-Prinzipien erprobt, in dem die **freie Wahl der Arbeit, selbsttätiges Lernen und individuelle Fortschritte** im Mittelpunkt stehen. Dieses Konzept basiert auf dem Ansatz des *Total Physical Response* nach *James Asher* und spielt auch für die in diesem Buch vorgestellten Materialien und Lernaktivitäten eine zentrale Rolle. Bei diesem in den 60er Jahren entwickelten Ansatz spielt die Verbindung von Sprache und Bewegung eine zentrale Rolle, weil man davon ausgeht, dass sich durch die Verknüpfung von kognitiven Prozessen und motorischer Aktivität in stressfreien Lernsituationen die Gedächtnisleistung merkbar erhöht.

Nach *James Asher* verstehen Kleinkinder schon komplexe Äußerungen, bevor sie selber Sprache produzieren können, da sich ihr Hörverständnis vor der Sprachfertigkeit ausbildet. So mag ein Kind sein Verständnis der Frage *Wo ist der Ball?* dadurch unter Beweis stellen, dass es auf den genannten Gegenstand zeigt. Durch physische Handlung (= *Total Physical Response*) antwortet es auf Fragen und Aufforderungen. Sein Lernzuwachs ist dabei durch Erfolg oder Misserfolg einer Aktivität bestimmt. Erst später entwickelt sich die **Fähigkeit zum Sprechen** allmählich heraus, und zwar recht mühelos und zu **individuell unterschiedlichen Zeitpunkten**. Die auch im Zweitspracherwerb oft beobachtete lange Schweigephase gilt Forschern als aktive Verarbeitungsphase, in der sich Kinder über die aufgenommenen Daten Elemente der neuen Sprache erschließen und die Sprachproduktion unbewusst vorbereiten.

Hieraus gewinnt *Asher* Anregungen für die Anfänge des Fremdsprachenunterrichts, der sich an dieser Vorgängigkeit des Sprachverstehens vor der Sprachproduktion orientieren soll. Der **Zweitspracherwerb soll sich demnach an den Mechanismen des Mutterspracherwerbs orientieren**. Im Unterricht liegt der Akzent auf **Sprachverstehen** und **motorischer Aktivität**. Eine besondere Bedeutung kommt dabei dem Verb im Imperativ (*Go to the door! Open the window!*) zu, denn in speziellen Übungen lernen Kinder durch spielerische Handlungen. Durch fortgesetztes Hören und Lesen der Fremdsprache und lustbetontes Handeln in entspannten Lernsituationen bauen Schüler geistige Strukturen auf und erweitern ihren passiven Wortschatz kontinuierlich. Die lernbiologisch günstige Ausnutzung beider Gehirnhälften fördert dabei die Lernleistung nachhaltig. Der Übergang zum Sprechen erfolgt schließlich spontan und individuell, wenn die Schüler sich sicher genug fühlen.

Langfristig stellt dieser Ansatz allerdings auch für *Asher* keine Universalmethode dar, sondern muss mit anderen Lehr- und Lernverfahren kombiniert werden. Ein **lehrgangsmäßiger Fremdsprachenunterricht** setzt bei ihm aber erst **später** ein. Entscheidend ist, dass ein Kind nicht von Beginn an zu eigenen, möglichst fehlerfreien Äußerungen aufgefordert wird, da dies oft zu Drucksituationen und Blockaden führt. Bekanntlich entwickeln manche Schüler regelrecht **Angst vor dem Fremdsprachenunterricht**, aus Furcht, etwas Falsches zu sagen.

Klein-Landeck: Fundgrube für die Freiarbeit Englisch © Auer Verlag GmbH, Donauwörth

Niederländische Montessori-Pädagogen entwickeln in Anlehnung an diesen Ansatz in den 1980ern eine **umfangreiche Materialsammlung für den Englischunterricht** an Montessori-Schulen, vor allem für die Freiarbeit. Sie besteht aus einer Bibliothek mit Kinderbüchern sowie von *native speakers* besprochenen Kassetten. Während Schüler die Texte lesen, können sie über Kopfhörer die korrekte Aussprache hören. Die Bücher lassen sich bereits nach kurzer Einführung selbstständig erschließen. Kinder machen so sehr schnell die befriedigende Erfahrung, dass sie schon Englisch verstehen. In enger Anlehnung an die Lektüre werden Spiele, Arbeitsblätter und ergänzende Übungen angeboten, in denen eingeführte Strukturen aufgegriffen werden. Zahlreiche Lieder mit Bewegung wie *If you're happy and you know it* oder *Head and shoulders* erleichtern es Lernanfängern, sich gemeinsam in einer Gruppe auszudrücken. Wie erfolgreich Kinder sich mit diesen Lernangeboten fremdsprachliche Inhalte selbstständig aneignen können, zeigt eine kleinere Studie (vgl. Klein-Landeck 2000): Nach der Einführung in das Material konnten die Kinder:

- authentische englische Texte lesen und dabei erfolgreich ihre Vorkenntnisse einbringen,
- mit einem Bildlexikon arbeiten und unbekannte Begriffe nachschlagen,
- die Geschichten sehr genau und lebendig nacherzählen,
- das Gelernte über einen längeren Zeitraum behalten,
- wichtige Könnenserfahrungen machen und Freude über ihre Leistungen zeigen,

ohne von einem Lehrer *unterrichtet* worden zu sein. Es zeigte sich, dass sie dadurch die Freiheit gewannen, **vielfältige individuelle Lernstrategien** zur Erschließung der Texte zu entwickeln und anzuwenden. Neben dem individuellen Lernen mit stiller Lektüre und Kassetten sind in diesem Ansatz aber auch bewegungsreiche Gruppenaktivitäten vorgesehen, bei denen spielerisch mit Sprache umgegangen wird, ohne dass Schüler sich einzeln äußern müssen. Hier einige Spiele, die Kinder in Kleingruppen auch ohne Erwachsene spielen können:

- *All birds (cats / dogs...) fly* (Alle Vögel fliegen hoch): Wer beim falschen Tier die Arme hebt, muss pausieren.
- *Simple Simon says* (Kommando Pimperle): Stand up / Sit down / Go to the window ... Wer die falsche Bewegung macht, muss pausieren.
- *Partnerspiel mit Auftragsröllchen*: Kiss a friend / Eat an apple / Point at the teacher ... Abwechselnd werden die Röllchen gelesen und lustige Aufträge ausgeführt.

2.2 Prinzipien des Englischunterrichts in Montessori-Klassen

In der fachdidaktischen Diskussion kristallisiert sich heraus, dass Englischunterricht **nicht durchgängig lehrergesteuert** sein sollte. Die Richtlinien zahlreicher Bundesländer fordern ausdrücklich Lernangebote in offenen Unterrichtsformen, um durch individualisierende Maßnahmen der **Leistungs- und Interessenheterogenität** der Kinder Rechnung zu tragen. Dies stellt für Montessori-Schulen eine Chance dar, der eigenen Praxis fremdsprachlicher Bildung ein montessoripädagogisches Profil und damit der Fremdsprachendidaktik wichtige Impulse zu geben. Denn ihrer charakteristischen Unterrichtsorganisation liegt eine Auffassung vom Wesen kindlicher Lernprozesse zu Grunde, die auf Maria Montessoris pädagogische Forschungen zurückgeht. Diese werden durch aktuelle wissenschaftliche Erkenntnisse bestätigt und dürfen als gesichert gelten. Zusammenfassend lässt sich sagen, dass sich Englischunterricht an Montessori-Schulen an folgenden Grundsätzen orientiert:

- **Jedes Kind will lernen:** Kinder sind von Natur aus neugierig, wollen die Welt erkunden, lernen und unabhängig werden. Montessori-Pädagogen vertrauen der Selbstbildungskraft junger Menschen und übertragen ihnen ein hohes Maß an Eigenverantwortung für ihren Lernprozess, auch im Englischunterricht. Die Lebenswelt der Kinder ist heute angefüllt mit Bildern und Begriffen aus dem angloamerikanischen Sprachraum. Daher sind sie meist für die englische

Klein-Landeck: Fundgrube für die Freiarbeit Englisch © Auer Verlag GmbH, Donauwörth

Sprache und Themen des Englischunterrichts aufgeschlossen. Kinder lernen besonders intensiv, wenn das Thema eine persönliche Bedeutung für sie hat. Montessori-Schüler sollen daher besonders in der Freiarbeit eigenen Lerninteressen motiviert nachgehen dürfen.

- **Jedes Kind lernt individuell:** Die Vorstellung, dass ein Lehrer dem Kind etwas *beibringt* und ihm Wissen *eintrichtert*, ist überholt. Lernen gilt als individueller Aneignungsprozess, der nicht von außen erzwungen, wohl aber unterstützt und gefördert werden kann. Da jeder Mensch anders lernt, müssen in Montessori-Klassen nicht immer alle zur selben Zeit das Gleiche lernen. In der Freiarbeit werden Aufgaben, Partner, Lerntempo und Arbeitsplatz relativ frei gewählt. Das zieldifferente Arbeiten ermöglicht in besonderer Weise die Integration behinderter, lernbeeinträchtigter, aber auch hochbegabter Kinder.

- **Jedes Kind lernt mit allen Sinnen:** Lernen ist immer praktisch: Hände, Körper und Geist wollen gleichermaßen angesprochen werden. Kinder lernen mit Kopf, Herz und Hand und am nachhaltigsten, wenn viele Sinne beteiligt sind, denn: *Nichts ist im Verstand, was nicht vorher in den Sinnen war!* In Montessori-Klassen spricht anschauliches Lernmaterial alle Sinne an und lädt zum Hantieren ein. Inhalte werden be*hand*elt, sodass man vom Greifen zum Begreifen gelangen kann. Dieses Prinzip kommt allen Schülerinnen und Schülern zugute. Für viele ist die sinnliche Grundlage des Lernens unverzichtbar, für alle ist sie ein sehr motivierender Faktor.

- **Jedes Kind lernt selbsttätig:** *Hilf mir, es selbst zu tun!* lautet seit über 100 Jahren das Motto der Montessori-Pädagogik. Wissen muss durch konkrete Operationen aufgebaut werden und wird nicht einfach nur rezipiert. Bekanntlich bleibt das gut haften, was man sich durch eigenes Handeln erarbeitet. In Montessori-Klassen erschließen sich die Schüler daher Themen und Inhalte möglichst selbsttätig, ohne Anleitung durch Erwachsene. Dass dies auch im Englischunterricht möglich ist, beweist die Praxis der etwa 400 deutschen Montessori-Schulen Tag für Tag.

- **Jedes Kind liebt das Lernen in Gemeinschaft:** Individuell zu lernen heißt aber nicht, eigenbrötlerisch zu werden. Im Gegenteil: In der Freiarbeit sprechen Schüler leise miteinander, um sich gegenseitig zu helfen. Da im Englischunterricht die mündliche Kommunikation von zentraler Bedeutung ist, werden auch in der Freiarbeit viele kommunikative Aufgaben angeboten und Sprechanlässe geschaffen. Dadurch sprechen die Kinder in der Regel häufiger Englisch als im lehrergesteuerten Klassenunterricht.

- **Jedes Kind liebt den Erfolg:** Arbeit nach freier Wahl und im eigenen Lerntempo trägt dazu bei, Überforderung und Frustration sowie Unterforderung und Langeweile zu verhindern. Persönliche Erfolgserlebnisse werden möglich, der Mangel an Konkurrenzdruck in der Freiarbeit nimmt vielen Kindern die Angst und stärkt ihre Lernmotivation. Nicht wenige lesen und sprechen lieber im kleinen Kreis als vor der ganzen Klasse und können so Selbstvertrauen entwickeln.

3. Kriterien für Englisch-Lernmaterial nach Montessori

In der Montessori-Praxis reichen Kopiervorlagen mit Übungen für die Freiarbeit nicht aus. Vielmehr stellt sich immer auch die Frage nach didaktischem Material, mit dem Schülerinnen und Schüler *hantieren* können, um Inhalte sinnlich zu *er-fassen* und zu *be-greifen*. Der Bedarf an solchen Arbeitsmitteln für ein materialunterstütztes Lernen mit allen Sinnen kann jedoch nur eingeschränkt über den Handel gedeckt werden. Vieles wird daher heute in kreativer Eigenarbeit von Montessori-Praktikern entwickelt. Nach welchen Kriterien lassen sich solche Englischmaterialien im Sinne der Montessori-Pädagogik herstellen? Nachfolgend genannte Prinzipien können bereits bei ersten Gehversuchen in der Entwicklung und Erstellung von Freiarbeitsmaterial eine zuverlässige Orientierung bieten, auch wenn es vielleicht nicht immer möglich ist, alle Kriterien gleichermaßen zu erfüllen:

Klein-Landeck: Fundgrube für die Freiarbeit Englisch © Auer Verlag GmbH, Donauwörth

- **Isolierung einer Eigenschaft im Material:** In jedem Material dominiert ein Merkmal oder eine Schwierigkeit, um nicht die Aufmerksamkeit vom Eigentlichen abzulenken, d.h. von dem, was das Kind begreifen soll. Die Isolation einer Eigenschaft befördert den Erkenntnisprozess und hilft beim Aufbau von Strukturen und Regeln. Im Englischmaterial ist dieses Kriterium etwa bei der Vermittlung grammatischer Phänomene von besonderer Bedeutung.

- **Begrenzung:** In der Regel ist nur ein Exemplar jedes Arbeitsmittels in der Klasse vorhanden. Die Überschaubarkeit der Umgebung unterstützt den Aufbau geistiger Ordnung. Begrenzung des Materials fördert zudem Geduld, Rücksichtnahme und Kooperation untereinander. Auch die Anzahl der Bestandteile eines Materials ist limitiert, sodass das Arbeitsmittel übersichtlich und handhabbar bleibt. Es findet eine Konzentration auf das Notwendige und Wesentliche statt.

- **Ästhetik / Aufforderungscharakter:** Kinder haben Anspruch auf ästhetisch gestaltetes Lernmaterial mit ansprechender Form- und Farbgebung. Die *Stimme der Gegenstände* (Montessori) motiviert zur Aktivität, steigert die Wertschätzung für das Material, fordert zum pfleglichen Umgang auf und fördert das Verantwortungsgefühl für die Lernumgebung. Der Aufforderungscharakter eines Englischmaterials zeigt sich zum Beispiel, wenn Schüler mit schönen Bildkarten freiwillig und gerne mehr Vokabeln lernen, als Pflicht wäre.

- **Aktivität:** Die Ermöglichung konzentrierter Lernprozesse ist ein Wesensmerkmal der Montessori-Materialien. Sie müssen dem kindlichen Aktivitätsdrang angemessen sein, Anregungen zum selbsttätigen Handeln bieten, variantenreiche Wiederholungen der Übung erlauben und selbstständig erzielte Lernerfolge ermöglichen. Didaktisch wertvolle Materialien setzen abstrakte Vorgänge, Regeln oder Probleme in konkrete Handlung um und machen sie so erfahrbar.

- **Selbstkontrolle:** Die im Material angelegte Möglichkeit der Selbstkontrolle soll Kinder unabhängig machen. Sie erfahren eine objektive Rückmeldung durch die Sache statt einer personenbezogenen, wertenden durch Erwachsene. Fehler sollen nicht negativ-feindlich erlebt werden, sondern als Anreiz, es besser zu machen. Sie sollen weiterhelfen und nicht niederdrücken. Nach Möglichkeit liegt die Selbstkontrolle in der Struktur des Materials begründet, das *aufgeht* oder eben nicht. Mit steigendem Komplexitätsgrad der Aufgaben wird die Unterstützung durch Arbeitspartner oder Lösungsbögen immer bedeutsamer.

- **Haltbarkeit:** Die Vorbereitung der Freiarbeit stellt eine andere Form der Unterrichtsvorbereitung dar, die zeitweise intensiver ist als die tagtägliche Unterrichtsplanung. Bei der Herstellung eines Lernmaterials ist daher darauf zu achten, dass es solide ist und Wert und Funktion nicht zu schnell gemindert werden können. Bei Papier- und Kartonmaterialien hat sich Laminierfolie bewährt. Generell sollte möglichst robusten Werkstoffen wie Holz der Vorzug gegeben werden, damit auch bei intensiver Nutzung eine erwartete Lebensdauer von 10–15 Jahren erreicht wird.

- **Position auf einem Kreuzpunkt:** Die Vernetzung von Materialien zu einem differenzierten System, das individuelle Lernwege eröffnet, ist erstrebenswert. Für jedes Material ist die Position in einem Koordinatensystem von Lernmitteln festzulegen, die auf einer gedachten *Vertikalen* dem Schwierigkeitsgrad nach geordnet sind. Auf der *Horizontalen* werden Übungsmaterialien mit gleichem Schwierigkeitsgrad angeordnet. Schülern sollte diese Struktur deutlich sein, sei es durch entsprechende Kennzeichnung der Arbeitsmittel oder deren Anordnung im Regal von leicht (links) nach schwer (rechts), um sie für sich nutzen zu können.

- **Wissenschaftlicher Charakter:** Montessori-Material als *Schlüssel zur Welt* (Montessori) lässt das Kind seine Annahmen über die Wirklichkeit experimentell testen und dabei wissenschaftlich arbeiten. Das Material ist sachgerecht und muss den Lerngegenstand inhaltlich korrekt und dem

Klein-Landeck: Fundgrube für die Freiarbeit Englisch © Auer Verlag GmbH, Donauwörth

wissenschaftlichen Erkenntnisstand entsprechend abbilden. Höchste Sorgfalt bei der Materialentwicklung erwartete Montessori selbst, als sie forderte: „Jedes Fach (...) muß in den äußeren Gegenständen durch eine systematische, wohl definierte Konstruktion dargeboten werden. Zur ursprünglichen, hauptsächlich psychologischen Arbeit muß also die *Mitarbeit von Spezialisten* jedes einzelnen Faches hinzutreten, damit die *Gesamtheit der notwendigen und ausreichenden Mittel* festgelegt wird, die die *Selbsterziehung* hervorrufen" (Schule des Kindes, 6. Aufl. Freiburg 1996, S. 86).

In der aktuellen Diskussion um didaktische Materialien für Offenen Unterricht kristallisieren sich weitere Kriterien heraus, die auch für die Gestaltung von Englischmaterial bedeutsam sind und daher bei der Planung und Herstellung von Arbeitsmitteln Berücksichtigung finden sollten:

Beim Formulieren von ME-Texten wie generell im Bereich des freien Schreibens, der in der Sekundarstufe schon früh gefördert werden sollte, sind meist **mehrere Lösungswege** zugelassen. Es muss daher Englischmaterial geben, das durch **offene Aufgabenstellungen** zum **Ausprobieren individueller Herangehensweisen** anregt. Material für die Englisch-Freiarbeit sollte nicht nur das Ausführen eines erwarteten Lernverhaltens erlauben, sondern auch **entdeckendes Lernen** und die kreative Entwicklung eigener Strategien ermöglichen. **Kooperatives Handeln** kann durch im Material angelegte Lernmöglichkeiten und spezielle Aufgabenformate gezielt gefördert werden. Angesichts des rapiden Alterungsprozesses unseres Wissens wird neben dem reinen Wissenserwerb die Entwicklung von Schlüsselkompetenzen immer bedeutsamer.

Kinder müssen lernen, in immer neuen Situationen Probleme alleine oder im Team lösen zu können. Bei der Entwicklung von Freiarbeitsmaterial ist daher zu bedenken, ob es vor allem *ergebnisorientiert* ist und die **Aneignung von Wissen** ermöglicht, *prozessorientiert* die Anbahnung von **Problemlösekompetenz** fördert oder möglicherweise beides leisten kann. Schließlich sollte ein Material möglichst auch das selbstreflexive Lernen, d.h. das Nachdenken über die eigene Planung und Gestaltung von Lernvorgängen, zum Ziel haben. Hier lässt sich fragen, ob Schüler lediglich eine didaktische Idee ausführen, die ihnen aber nicht bewusst ist, oder ob nicht durch ein Arbeitsmittel auch diese Bewusstmachung und gezielte Entwicklung individueller Lernstrategien gefördert werden kann.

Die genannten Merkmale sind als visuelle Hilfe in der Abbildung zusammengefasst: Sie enthält im Kern die von Montessori beschriebenen Kriterien, auf der zweiten Ebene einige von heutigen Montessori-Praktikern formulierte Eigenschaften und an der Peripherie Anregungen aus der aktuellen Diskussion. Bei der Auswahl, Planung und Herstellung guter Englischmaterialien für die Freiarbeit sollten sie Berücksichtigung finden.

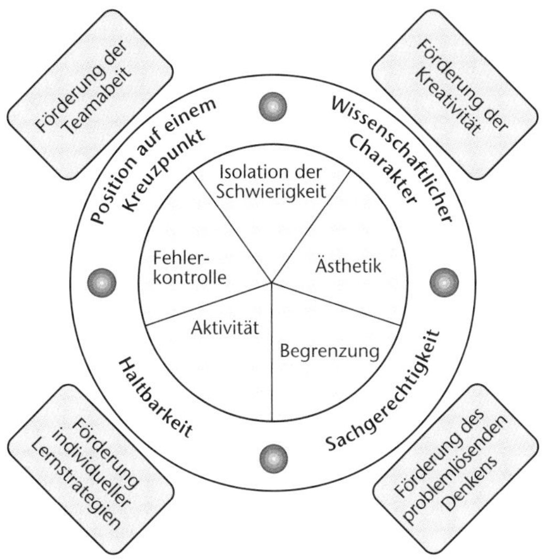

Lernmaterialien als „Schlüssel zur Welt"

Klein-Landeck: Fundgrube für die Freiarbeit Englisch © Auer Verlag GmbH, Donauwörth

Bevor es nun losgeht ...

In diesem Buch soll zur **kreativen Entwicklung von Lernmaterialien** ermuntert werden. Die im Praxisteil vorgestellten, in der Englisch-Freiarbeit erprobten und bewährten Arbeitsmittel mögen dabei als **Anregung zu ersten eigenen Schritten** dienen. Daher wird immer wieder aufgezeigt, wie man ökonomisch vorgehen und Ideen und Prinzipien sinnvoll übertragen kann. Zusammenfassend lassen sich folgende Grundsätze nennen, von denen man sich bei der Herstellung von Lernmaterial im Sinne der Montessori-Pädagogik leiten lassen kann:

a) Jedes Material sollte erschwinglich sein.

- Schulklassen stehen meist keine zusätzlichen Sachmittel zur Verfügung. Daher müssen Arbeitsmittel finanzierbar bleiben, denn an einer zu knappen Klassenkasse sollte die Einführung von Freiarbeits-Material nicht scheitern!

- Zunächst sollte das Begleitmaterial zum Lehrwerk gesichtet werden. Es enthält oft gute Anregungen und Vorlagen, aus denen sich mit etwas Fantasie und Bastelarbeit geeignetes Freiarbeitsmaterial herstellen lässt.

- Karton, Laminiergerät und Folien werden heute in vielen Schulen bereitgestellt. Dies sollte man nutzen. Oft helfen nette Kollegen im Fach Werken oder Eltern in einschlägigen Handwerksberufen, wenn man sie um Unterstützung bittet.

- Flohmärkte sind wahre Goldgruben für brauchbare Dinge, aus denen sich Arbeitsmittel herstellen lassen: Bildbände, englische Kinderbücher, Kassetten, Lern- und Gesellschaftsspiele, Landkarten und Gegenstände von landeskundlichem Interesse (Bobby-Mütze, englische Keksdosen etc.).

- Gelder können erwirtschaftet bzw. eingeworben werden, etwa durch Kuchenverkauf in der Schule, Stände auf Weihnachtsbasar und Flohmarkt, Beantragung von Sondermitteln bei Schulbehörden und Stiftungen, durch Sponsorenlauf, Einsammeln eines Elternbeitrages, Versteigerungsaktionen auf dem Klassenfest etc. Der Fantasie sind keine Grenzen gesetzt und jeder Euro zählt!

b) Jedes Material sollte motivieren und Freude bereiten.

- Englisch-Freiarbeit soll Spaß machen. Die Attraktivität der Materialien wirkt sich auf die Begeisterung der Schüler für alles Englischsprachige aus und trägt dazu bei, dass sie eine positive Grundeinstellung zum Fach entwickeln.

- Kinder lieben es, (lustige) Handlungen ausführen zu können (etwas pantomimisch darstellen, einer Wegbeschreibung folgen, Karten auslegen, mit Würfeln Sätze bilden, Bilder/Texte zuordnen etc.).

- Größe und Menge der Materialien sind wichtig: Große Bilder besitzen mehr Aufforderungscharakter und das Auslegen einer meterlangen Fotoreihe ist interessanter als die Arbeit mit wenigen kleinen Bildchen auf dem Tisch. Karteikarten sind attraktiver, wenn Texte auf weißes Papier gedruckt und dann auf bunten Karton geklebt werden.

- Selbst angefertigtes Lernmaterial lässt sich besser auf die speziellen Erfordernisse und Interessen der Schüler abstimmen als gekaufte Arbeitsmittel und man kann Persönliches einbauen (z. B. die Namen der Kinder), was die Motivation zusätzlich erhöht. Kinder schätzen es, wenn ein Lehrer Materialien für sie anfertigt und diese möglicherweise nach einem arbeitsamen Wochenende stolz am Montag präsentiert.

Klein-Landeck: Fundgrube für die Freiarbeit Englisch © Auer Verlag GmbH, Donauwörth

- Insgesamt gilt es, Erfahrungen zu sammeln und aus ihnen zu lernen. Man sollte sich nicht scheuen, Material auszumustern, das nicht gut ankommt und seinen Zweck verfehlt.

c) Jedes Material sollte Kindern beim Lernen helfen.

- Viele Regeln der englischen Sprache bleiben Schülern auch nach noch so gründlicher Einführung und wiederholter Übung fremd. Ein gutes Freiarbeitsmaterial ist zwar kein pädagogischer Zauberstab, mit dem alles wie von selbst geht. Aber durch die Materialisierung abstrakter Sachverhalte gelingt es eben doch sehr häufig, das Verständnis zu fördern und nachhaltiges Lernen zu ermöglichen.

- Oft hilft es auch, wenn neue Begriffe nicht isoliert, sondern simultan mit einem Bild abgespeichert werden. Schönes Bildmaterial motiviert und erleichtert das Lernen neuer Vokabeln.

- Zu jedem Thema sollte ein differenziertes Materialangebot bereitgestellt werden, das individuelle (Abstraktionsfähigkeit, Lerntempo etc.) Zugriffe auf das Thema erlaubt. Da es zeitlich nicht immer möglich ist, jedes gewünschte Lernmaterial selber herzustellen, ist zumindest am Anfang ein Verbund selber entwickelter bzw. im Handel erhältlicher Arbeitsmittel und Lernwerkstätten (auch in Papierform) durchaus sinnvoll.

d) Jedes Material sollte Selbstständigkeit fördern.

- Die zunehmende Unabhängigkeit der Kinder vom Erwachsenen ist ein bedeutsames pädagogisches Ziel, das auch in der Freiarbeit nie aus den Augen verloren werden sollte.

- Material muss so gestaltet sein, dass Kinder wirklich eigenständig arbeiten können. Ein Arbeitsmittel, das intensive Unterstützung durch den Lehrer voraussetzt, ist nur bedingt geeignet.

- Sinnvoll ist ein wiederkehrendes Angebot gängiger Materialtypen, deren Handhabung nach einmaliger Einführung so geläufig ist, dass die Übertragung etwa der Arbeitsweise mit Memory, Domino, Lotto, Stöpsel und Klammerkarte, Würfel oder Drehscheibe auf neue Aufgaben keine Hürde darstellt.

4. Vorbereitung und Organisation der Englisch-Freiarbeit

Charakteristische Merkmale der Unterrichtskonzeption im Sinne Maria Montessoris sind die pädagogische Gestaltung des Klassenraums (Vorbereitung der Umgebung), umfangreiche Zeiten für die freie Wahl der Arbeit und das selbsttätige, eigenverantwortliche Lernen der Kinder (Freiarbeit) sowie didaktische Materialien für das selbstständige Arbeiten.

4.1 Der Klassenraum als vorbereitete Umgebung

Auch für die Englisch-Freiarbeit ist die Vorbereitung der Lernumgebung im Sinne einer **reichhaltigen Ausstattung mit Materialien** von zentraler Bedeutung. Der Klassenraum sollte in Funktions- und Lernbereiche unterteilt sein, sodass auch das Fach Englisch über einen abgegrenzten Bereich mit offenen Regalen für Arbeitsmittel verfügt. Damit Schüler ohne Lehrerhilfe arbeiten können, müssen die Regale gut strukturiert sein und Orientierung bieten. Hilfreich ist die übersichtliche **Ordnung nach Lernbereichen** innerhalb des Faches (z. B. Wortschatz, freies Schreiben, Lektüre etc.) sowie **nach Schwierigkeitsgrad** von Aufgaben und Materialien (z. B. von links nach rechts). Die eindeutige Kennzeichnung der Regale ist sinnvoll. Nach Maria Montessori spricht die **ästhetische Gestaltung** eines Klassenraumes mit Bildern, Pflanzen und Schülerarbeiten an. In Bezug auf die Gestaltung einer *English Corner* heißt das, dass die Wände mit ansprechenden, gelegentlich wechselnden Postern, Bildern, Kalendern etc. geschmückt sind. So sind die Kinder fortlaufend mit englischer Schriftsprache kon-

Klein-Landeck: Fundgrube für die Freiarbeit Englisch © Auer Verlag GmbH, Donauwörth

frontiert. Dies bleibt nicht auf wenige Englischstunden begrenzt, sondern kann während des ganzen Unterrichtstages eine anregende Wirkung entfalten. Zur Gestaltung der *English Corner* bieten sich an:

- Klassenstundenplan und Kalender in englischer Sprache
- Landeskundliche Poster (sights) und Landkarten (Great Britain, USA, Australia ...)
- Stadtpläne (London, New York ...) und Weather Chart
- Arbeitsprodukte aus dem Unterricht (Crazy Inventions, My Home, Sports ...)
- Union Jack oder Star Spangled Banner

Die Gestaltung der *English Corner* sollte sich dynamisch den Lernerfordernissen und Interessen der Schüler anpassen. Beim Freiarbeitsmaterial kommt stets Neues hinzu, während vorübergehend nicht Benötigtes aus den Regalen entfernt wird, um Überfülle und Unübersichtlichkeit vorzubeugen. Analog dazu sollte auch bei der Gestaltung der Wände auf eine gute Balance von Anregungsgehalt und Reizüberflutung geachtet werden.

4.2 Die Unterrichtsform Freiarbeit

Freiarbeit ist eine Hochform binnendifferenzierenden Unterrichts, in dem Schüler aus einem reichhaltigen Lernangebot die Aufgabe (Fach, Lernmaterial, Schwierigkeitsgrad), die Sozialform (Einzel-, Partner- oder Gruppenarbeit) sowie den Arbeitsort (freie Platzwahl) wählen und im Rahmen allgemeiner Vorgaben über ihre Arbeitszeit verfügen (Tempo, Arbeitsdauer). Immer mehr weiterführende Schulen knüpfen heute an diese inzwischen in der Primarstufe sehr verbreiteten Formen offenen Unterrichts an und bieten in den Jahrgängen 5–7 bis zu zehn Stunden Freiarbeit pro Woche an. Diese Zeiten kommen in der Regel dadurch zustande, dass beteiligte Unterrichtsfächer je 1–2 Wochenstunden an einen sog. *Freiarbeitspool* abgeben. Die Zeiten werden dann so auf die Wochentage verteilt, dass möglichst jeden Tag eine Doppelstunde Freiarbeit stattfinden kann. Diese Regelmäßigkeit ist eine Voraussetzung dafür, dass sich die Fähigkeit zum selbstständigen Arbeiten angemessen entwickeln und zur Gewohnheit werden kann. **Freiarbeitszeiten sind im Stundenplan explizit ausgewiesen** und damit auch für die Kinder transparent.

Freiarbeit stellt sowohl bei der Auswahl der Arbeit als auch bei ihrer Strukturierung hohe Anforderungen an die Schüler. Sie liegt daher möglichst **in den lernphysiologisch günstigen Zeiten am frühen Morgen**. Kinder sollten mit dem Bewusstsein zur Schule kommen, dass sie ihr Lernen mitgestalten und entscheiden können, womit sie beginnen. Dies ist für die allgemeine Einstellung zur Schule von großer Bedeutung. Freiarbeit sollte verlässlich sein und nicht beliebig zweckentfremdet werden, z. B. für Klassenarbeiten. Will man zu selbstständiger Arbeitshaltung erziehen, sind Kontinuität und Geduld erforderlich. Freies Arbeiten erlernt man nicht von heute auf morgen, und mancher benötigt mehr Zeit als andere.

	MO	DI	MI	DO	FR
1	Klassenrat	Deutsch	Politik	Mathe	Englisch
2	Religion	Deutsch	Politik	Mathe	Deutsch
3	Englisch	Kunst	Englisch	Deutsch	Politik
4	Deutsch	Kunst	Musik	Religion	Englisch
5	Mathe	Sport	Mathe	Arbeitslehre	Musik
6	Biologie	Sport	Biologie	Arbeitslehre	
7				Sport	

dunkel hinterlegte Stunden = Freiarbeitszeiten der Montessori-Klasse 5a

In dieser Montessori-Klasse einer Hamburger Gesamtschule beteiligen sich die Fächer Deutsch, Englisch, Mathematik, Politik und Religion an der Freiarbeit. Für das Bereitstellen der Lernangebote sind die jeweiligen Fachlehrer verantwortlich. Die Schüler wählen ihre Aufgaben aus allen Fächern, jeweils im Umfang der zur Verfügung gestellten Zeit. Gibt ein Fach eine Stunde aus

Klein-Landeck: Fundgrube für die Freiarbeit Englisch © Auer Verlag GmbH, Donauwörth

seinem Deputat in den Pool, sind etwa 45 Minuten pro Woche Aufgaben aus diesem Bereich zu bearbeiten. Wann dies geschieht, entscheidet jedes Kind für sich. Von den vier Englischstunden entfallen hier zwei auf die Freiarbeit, die inhaltlich eng mit dem klassengebundenen Fachunterricht verknüpft ist. Lernangebote für Freiarbeit und Klassenunterricht werden daher so vorbereitet, dass sich das Erarbeiten und Üben von Gegenständen aus den Bereichen Wortschatz, Grammatik, Lektüre und Landeskunde in beiden Unterrichtsformen sinnvoll ergänzen und diese inhaltlich und methodisch stimmig miteinander verzahnt sind.

4.3 Arbeitspläne und Leistungsbewertung

Freie Aufgabenwahl ist charakteristisches Prinzip der Montessori-Pädagogik. In der Sekundarstufe benötigen Schüler allerdings **zusätzliche Orientierung und Struktur**. Dazu bieten sich **Arbeitspläne** an, die sich – abhängig von der jeweiligen Fachstruktur, vom Alter der Kinder und dem Grad ihrer Selbstständigkeit – auf Zeiträume von zwei bis etwa acht Wochen beziehen können. Erfahrungsgemäß behalten ältere Schüler bei ausführlicheren Plänen besseren Überblick als Schüler der Jahrgangsstufen 5–7, die einen zweiwöchigen Zeitraum sicherer überschauen.

Freiarbeitspläne geben Auskunft darüber, **welche Leistungen im angegebenen Zeitraum** erwartet werden, aber auch, welche zusätzlichen oder alternativen Leistungen erbracht werden können. Es wird unterschieden nach **Pflicht- und Wahlaufgaben**, die der gesamten Begabungsbreite in der Klasse Rechnung tragen sollen. Viele Schüler lassen ihre Arbeit, nachdem sie die Aufgaben kontrolliert haben, zur Sicherheit auch von der Fachlehrkraft überprüfen und den Erfolg schriftlich bestätigen. Freiarbeitspläne dienen also der Transparenz und Orientierung (Was kann / soll ich tun? Was sind die fachlichen Anforderungen?), dem Ansporn (Was habe ich schon geschafft? Was muss ich noch leisten?) und der Rückmeldung (Wie habe ich gearbeitet?).

Die Lehrkraft „verteilt" Themen und Inhalte angemessen auf Freiarbeit und Fachunterricht. Freiarbeit kann der **Vertiefung im Fachunterricht erworbener Kenntnisse** dienen, aber auch die **selbsttätige Erarbeitung von Sachverhalten** ermöglichen, die dann ihrerseits im gebundenen Unterricht aufgegriffen werden. Inhaltlich können Lernangebote der Freiarbeit über die Anforderungen der Jahrgangsstufe hinausgehen, vor allem zur Förderung besonders leistungsstarker und interessierter Schüler.

FREE WORK English 5a 30th March–13th April
My room / My house

Pflichtaufgaben
- Bearbeite den neuen Vokabeltrainer und lerne die Wörter.
- TB A1 (p. 68): Schaue dir das Bild an und beschreibe es in 5–10 Sätzen <u>oder</u>: Male dein Zimmer und beschreibe es.
- Lies den Text TB A2 (p. 68) durch und bearbeite die Übung TB A3 (Stern = leicht <u>oder</u>: Sonne = schwer).
- Satzbau-Tafeln: Lege sie aus und schreibe vier Sätze auf.

Wahlaufgaben (wähle zwei Aktivitäten)
- Schreibe die Words of the week in dein Heft.
- Spiele "Where are my things?" mit einem Partner.
- Würfelspiel: Lege die Würfel in die richtige Reihenfolge. Bilde 6 Sätze und schreibe sie auf.
- Spiele "A picture quiz" (TB A5, p. 69) mit einem Partner.

Wenn du fertig bist...
- Suche dir ein Spiel, ein neues Buch oder eine Read-and-Draw-Karte aus dem Regal.
- Arbeite mit dem Kartenmaterial zum simple present (einfache Gegenwart) und schreibe Beispiele und Regeln auf.
- Lerne die weather-words.

Beispiel für einen Freiarbeitsplan

Klein-Landeck: Fundgrube für die Freiarbeit Englisch © Auer Verlag GmbH, Donauwörth

4.4 Verzahnung von Freiarbeit und Fachunterricht

Erster Schritt: Mithilfe von Lehrplan und Lehrwerk sollte man sich einen guten Überblick über Ziele, Themen, Inhalte und Methoden des Schuljahres verschaffen. Dabei ist es sinnvoll, sich bereits Notizen zu den für die Freiarbeit geeigneten Bereichen zu machen. Eine grobe Aufteilung des Jahres in gleich lange Abschnitte kann als Orientierung dienen, sodass mit dem Sammeln von Ideen, Katalogen und Materialien begonnen werden kann.

Zweiter Schritt: Im nächsten Schritt werden überschaubare, zwei bis vier Wochen dauernde und an den Unterrichtsthemen orientierte Freiarbeitsphasen geplant und die Inhalte sinnvoll auf Fachunterricht und Freiarbeit verteilt. Im Fachunterricht finden Aktivitäten statt, die sich sinnvoll mit der ganzen Gruppe bearbeiten lassen, wie etwa die Einführung oder Analyse neuer Texte, lautes Lesen und Vorlesewettbewerbe, gemeinsame Bewegungs-, Rollen- und Lernspiele, das Singen englischer Songs oder die Vorbereitung und Besprechung von Klassenarbeiten. Die Freiarbeit eignet sich beispielsweise für stille Lektüre / „Lesekiste“, das Lesen mit verteilten Rollen, die individuelle Wortschatz- und Grammatikarbeit, das Verfassen freier Texte oder für englische Gesellschaftsspiele.

Dritter Schritt: Schließlich folgt die Vorbereitung einer konkreten Freiarbeitsphase. Dazu wird ein möglichst differenziertes Lernangebot erstellt, das im Hinblick auf die Quantität und Qualität der Aufgaben vielfältige Zugangsweisen zum Thema ermöglicht. Es sollte nach Kriterien wie Fundamentum und Additum, Grund- und erweiterten Anforderungen, Pflicht-, Wahl- und Wahlpflichtaufgaben unterschieden werden. Nun müssen die benötigten Materialien, Aufgaben und Spiele bereitgestellt werden. Die Vorbereitung der Umgebung beinhaltet aber ggf. auch das Beschriften der Regale unter Beachtung fester Plätze für bestimmte Arbeitsmittel, das Erstellen von Freiarbeitsplänen oder Pensenbüchern etc. Und dann – geht's los!

5. Literaturhinweise (Weitere Veröffentlichungen des Autors)

- Freie Arbeit bei Maria Montessori und Peter Petersen, 4. Aufl. Münster / Berlin: LIT 2008
- Freiarbeit und Lernerautonomie im Englischunterricht. Möglichkeiten und Grenzen in allgemeindidaktischer Sicht, in: NEUSPRACHLICHE MITTEILUNGEN 51/1998, H. 4, S.220–227
- Fremdsprachen in der Grundschule – (k)ein Thema für die Montessori-Pädagogik? in: DAS KIND H. 26/1999, S. 40–53
- Fremdsprachenbegegnung als Beitrag zum Frieden in der Einen Welt, in: Ludwig, H. u.a. (Hg.): Erziehung zum Frieden für Eine Welt – Der Beitrag der Montessori-Pädagogik, Münster: LIT 2000, S. 190–199
- Montessori-Schulen auf Europa-Kurs – Zum Fremdsprachenlernen in Montessori-Grundschulen, in: MONTESSORI 38 (2000a), H. 1/2, S. 42–49
- Montessori-Pädagogik und Fremdsprachenbegegnung in der Grundschule, in: Winkels, Th. (Hg.): Montessori-Pädagogik – konkret, Bad Heilbrunn: KLINKHARDT 2000b, S. 85–92
- Kleine Schritte zur Freiarbeit, in PÄDAGOGIK 52 (2000c) H. 11, S.10–12
- Gute Arbeitsmittel – Kriterien zur Beurteilung geeigneter Lernmaterialien für die Montessori-Freiarbeit, in: MONTESSORI 39 (2001), H.2, S.110–119
- Adler steigen keine Treppen. Erfahrungen mit Freiarbeit in der Sekundarstufe I, in: DAS LEHRERHANDBUCH Juli/2001, Berlin: RAABE 2001a, S. 1–17
- Englisch in der Montessori-Freiarbeit: Materialien, Ideen, Spiele, in: Ludwig, H. u.a. (Hg.): Montessori-Pädagogik in Deutschland. Rückblick – Aktualität – Zukunftsperspektiven, Münster: LIT 2002, S. 241–251
- Fremdsprachliche Bildung an Montessori-Grundschulen, in: Ludwig, H. (Hg.): Montessori-Schulen und ihre Didaktik (Basiswissen Grundschule Bd. 15), Baltmannsweiler: SCHNEIDER 2004, S. 101–112
- Differenzierung und Individualisierung beim offenen Arbeiten. Beispiel: Englischunterricht, in: PÄDAGOGIK 56 (2004a), H. 12, S. 30–33

Klein-Landeck: Fundgrube für die Freiarbeit Englisch © Auer Verlag GmbH, Donauwörth

II. Praktischer Teil

Hinweis: Im Folgenden finden Sie Beschreibungen zur Herstellung von Freiarbeitsmaterialien nach Montessori. Manchmal sind hierfür zusätzliche Materialien nötig, die Sie sich anderweitig beschaffen müssen (z. B. Bildmaterial, farbiger Karton usw.). Beachten Sie bitte, dass aus praktischen Gründen die Kopiervorlagen des Materialienteils nicht immer im hier angegebenen Format abgedruckt werden konnten. Sie können dann entsprechend größer kopiert werden.

1. Animals – Ein differenziertes Materialangebot gestalten

Nachfolgend soll am Beispiel von *animals* aufgezeigt werden, wie sich ein differenziertes Materialangebot zu einem Unterrichtsthema gestalten lässt. Auf die fachunterrichtliche Arbeit mit Lehrwerk, Liedern wie *Old Mac Donald* oder mit Pantomimespielen zum Erraten der Tiernamen etc. wird hier nicht eingegangen. Sie ist, wie im theoretischen Teil ausführlich dargelegt, eng mit Aufgaben und Materialien der Freiarbeit verzahnt. Die hier vorgestellten Arbeitsmittel wurden mehrfach in Klasse 6 erprobt.

1.1 Animal pictures (Bildkarten zur Wortschatzerweiterung)

Pädagogische Zielsetzung
Kennenlernen der englischen Tiernamen

Material
32 Karten (DIN A5) mit Fotos bekannter Tierarten und ihren englischen Bezeichnungen werden auf der Rückseite mit den entsprechenden Tiernamen in deutscher Sprache versehen. Auf zwei zusätzlichen Arbeitsbögen (Materialienteil S. 39) tragen die Schüler die Tiernamen englisch-deutsch bzw. deutsch-englisch ein.

Kommentar
Das Material ist für Schüler der 6. Klasse sehr attraktiv, da sie sich in der Regel noch sehr für Tiere begeistern. Bilder lassen sich aus alten Tierbüchern ausschneiden oder aus dem Internet herunterladen. Besonders gut kommen Fotos an, auf denen wilde Tiere extrem gefährlich aussehen, Katzen oder Hunde hingegen „süß" und „putzig" wirken. Das Material wird gerne öfters in die Hand genommen. Manche Kinder arbeiten zu zweit, verdecken den Tiernamen und fragen sich gegenseitig danach. Viele Begriffe und ihre Aussprache bringen Schüler bereits aus der Grundschule mit. Die Aussprache unbekannter Tiernamen kann durch den Lehrer in der Freiarbeit eingeführt werden, aber auch bei gemeinsamen Spielen und Übungen im Fachunterricht. Eine Erweiterungsmöglichkeit besteht darin, dass man einen zusätzlichen Kartensatz nur für *zoo animals* entwickelt.

1.2 Animal memory game (Tier-Memory)

Pädagogische Zielsetzung
Spielerisches Üben der englischen Tiernamen

Material
15 Karten (5 cm x 5 cm) mit Fotos bekannter Tierarten und 15 Wortkarten (5 cm x 5 cm) mit ihren englischen Bezeichnungen werden angefertigt. Eine Leitkarte mit Spielregeln (Materialienteil S. 40) führt in das Spiel ein.

Kommentar
Die Spielidee von Memory ist vielen Kindern bekannt. Da aber Gesellschaftsspiele heute nicht mehr in jeder Familie selbstverständlich sind, ist es sinnvoll, eine Leitkarte mit den Spielregeln beizufügen. Die Anzahl der Karten und die Auswahl der Tiere kann individuell gestaltet und erweitert bzw. für schwächere Schüler auch reduziert werden.

Klein-Landeck: Fundgrube für die Freiarbeit Englisch © Auer Verlag GmbH, Donauwörth

1.3 Noah's Ark (Tier-Quiz)

Pädagogische Zielsetzung
Förderung des Leseverstehens in Bezug auf Tierbeschreibungen

Material
10 Karteikarten (z. B. DIN A7) werden auf der Vorderseite mit Beschreibungen bekannter Tierarten versehen. Auf der Rückseite finden sich jeweils der englische Tiername und ein Foto (Kopiervorlagen für Kärtchen mit Tiernamen und Beschreibungen im Materialienteil auf S. 40–41).

Kommentar
Mit diesem Material arbeiten Kinder alleine oder zu zweit. Sie lesen die Texte aufmerksam durch und versuchen, das gesuchte Tier zu erkennen. Die Selbstkontrolle erfolgt durch Umdrehen der Karte. Als Partnerspiel kann abwechselnd vorgelesen und geraten werden. Das Material ist eine Vorbereitung auf das Verfassen eigener Tierbeschreibungen und die Durchführung von Ratespielen im Klassenunterricht.

1.4 A portrait of my favourite animal (Tiere beschreiben)

Pädagogische Zielsetzung
Verfassen einer Tierbeschreibung in englischer Sprache

Material
Ein Arbeitsbogen liefert inhaltliche Hinweise und hilfreiche Redemittel (Materialienteil S. 42).

Kommentar
In Anlehnung an die Tierbeschreibungen im *animal quiz* sollen die Schüler mit einem Text sowie einem Foto / gemalten Bild ein kleines Poster gestalten und ihr Lieblingstier vorstellen. Die fertigen Produkte werden in der Klasse ausgestellt und bei einem Lesespaziergang begutachtet. Möglich ist auch die Präsentation der Arbeitsergebnisse am Ende der Freiarbeitsphase.

1.5 Animal Limericks (Tiergedichte lesen und schreiben)

Pädagogische Zielsetzung
Förderung des Leseverstehens und Verfassen eines eigenen Limericks in englischer Sprache

Material
Die Limericks (Materialienteil S. 42–44) werden auf 8 farbige Karteikarten (ca. 20 x 10 cm) geklebt. Ein Arbeitsbogen mit Lückentext dient als Grundlage für den kreativen Schreibprozess (S. 44).

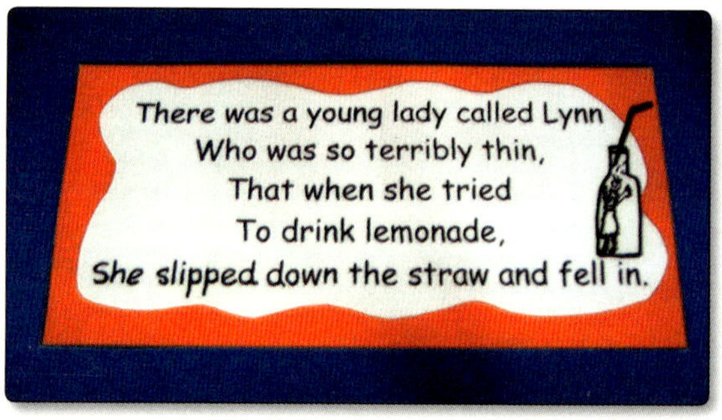

Kommentar
Limericks sind für diese Altersstufe geeignet, da sie kurz sind, lustig und sprachlich meist gut zu bewältigen. Die Lesekarten werden zur stillen Lektüre oder zum Vortragen vor der Klasse angeboten. Werden die Merkmale von Limericks am Beispiel von *There was a young lady from Riga* gemeinsam besprochen, lassen sich mit Hilfe des Lückentextes eigene Limericks selbstständig verfassen: Die Aufgabe besteht darin, Adjektive, Nomen, Verben und Ausrufe aus den Listen auszuwählen und an die nummerierten Stellen im Text zu setzen. So gelingt es jedem Schüler, ein humorvolles Gedicht zu gestalten, das manche auch kreativ illustrieren.

Klein-Landeck: Fundgrube für die Freiarbeit Englisch © Auer Verlag GmbH, Donauwörth

1.6 Animal tongue-twisters (Zungenbrecher)

Pädagogische Zielsetzung
Förderung des Leseverstehens und Schulung der Aussprache

Material
Die Zungenbrecher (Kopiervorlage S. 45) werden auf farbige Karteikarten (z. B. 9 cm x 16 cm) geklebt.

Kommentar
Wie bei den Limericks geht es darum, die Freude am Lesen englischer Texte zu fördern. *Tongue-twisters* sind ebenfalls kurz, lustig und sprachlich nicht zu anspruchsvoll. Daher eignen sie sich schon in einem sehr frühen Stadium des Fremdsprachenlernens. Die Sammlung im Materialienteil ist beliebig erweiterbar und besonders ansprechend, wenn die Karten mit Tierbildern illustriert sind. Auf Wunsch sollte Schülern Gelegenheit gegeben werden, Zungenbrecher vor der Klasse vorzutragen.

2. Materialien zur Wortschatzerweiterung

2.1 Words of the week (Vokabelstreifen in Filmdöschen)

Pädagogische Zielsetzung
Übung anspruchsvoller Lernwörter

Material
Man benötigt einen Aufbewahrungskarton, ca. 10 Filmdöschen, die Fotogeschäfte oft kostenlos abgeben, und 21 cm x 4 cm lange Streifen aus Buntpapier. Die Streifen werden beidseitig mit dem jeweiligen englischen Lernwort und der deutschen Übersetzung beschriftet. Die Streifen steckt man dann zusammengerollt in die Dosen. Eine Arbeitsanleitung für die Schüler befindet sich als Kopiervorlage im Materialienteil auf S. 46.

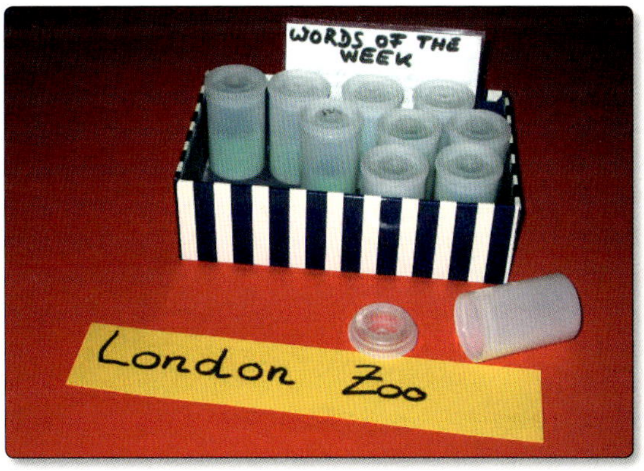

Kommentar
Words of the week haben ihren festen Platz im Freiarbeitsregal und werden laufend aktualisiert. Schüler kennen Lernwörter aus der Grundschule und wissen, dass diese wichtig sind und sich oft durch eine komplizierte Schreibweise auszeichnen. Da jedes Wort einen eigenen Streifen erhält, der herausgeholt und über Zeigefinger oder Bleistift aufgewickelt werden muss, entstehen Neugier und Aufmerksamkeit für den jeweiligen Begriff. Schüler üben wie bei der Arbeit mit „Dosendiktaten". Manche prägen sich das gelesene Wort ein, bevor sie es aufschreiben, und kontrollieren erst, wenn alle Wörter aufgeschrieben sind. Andere machen aus dieser Übung aber auch ein Frage-Antwort-Spiel für zwei Personen. Älteren Schülern kann man anstelle der deutschen Übersetzung auch eine englische Definition oder einen Satz mit dem neuen Wort anbieten.

2.2 In the classroom (Schilder zum Aufhängen in der Klasse)

Pädagogische Zielsetzung
Festigung des Wortschatzes in Bezug auf das Wortfeld Schule

Material
Auf Karton-Schilder (Größe DIN A 5) schreibt man die englischen Bezeichnungen für Dinge

Klein-Landeck: Fundgrube für die Freiarbeit Englisch © Auer Verlag GmbH, Donauwörth

im Klassenraum (*bookshelf, blackboard, curtain, window, techer's desk, computer, pinboard, door, cupboard…*). Die Schrift ist so groß, dass die Begriffe von allen Plätzen aus gut lesbar sind.

Kommentar
Indem Schüler den Begriffen überall in der Klasse begegnen, prägen sich Wörter und ihre Schreibweise besser ein. Die Schilder können von den Schülern angefertigt werden. Jedoch ist auf orthografische Korrektheit und ästhetisch ansprechende Gestaltung zu achten.

2.3 Days of the week / Months of the year (Begriffskärtchen zum Kalender)

Pädagogische Zielsetzung
Einführung der Wochentage und Monatsnamen

Material
Man bereitet jeweils eine Grundplatte aus laminiertem Karton für die Wochentage (15 cm x 13 cm) und Monatsnamen (25 cm x 13 cm) vor, dazu 7 bzw. 12 kleine Kärtchen (1,5 cm x 6 cm) zum Auflegen auf die Grundplatten (Kopiervorlagen S. 46–48).

Kommentar
Das Material wird zu Beginn von Klasse 5 eingeführt, da Wochentage und Monate schon aus der Grundschule bekannt sind. Um die Aufmerksamkeit nun auf die korrekte Schreibung zu lenken, wurde auf jegliche Ausschmückung verzichtet. Kinder ordnen auf den Grundplatten die Wortkärtchen korrekt zu und schreiben alle Begriffe in ihr Heft. Fortgeschrittene Schüler verfassen Sätze nach dem Muster *On Mondays I play football. On Tuesdays I …*".

2.4 Seasons (Bild- und Wortkarten zu den Jahreszeiten)

Pädagogische Zielsetzung
Einführung der Jahreszeiten

Material
Man benötigt je 2 identische Bilder einer Landschaft im Frühling, Sommer, Herbst oder Winter, die auf 8 Kartons (DIN A5) geklebt werden (evtl. laminieren). Auf einer Karte wird zudem die englische Bezeichnung der Jahreszeit angegeben, auf der anderen nicht. Zum Auflegen auf letztere gibt es 4 Wortkärtchen mit den Aufschriften *spring, summer, autumn, winter* (3,5 cm x 10 cm).

Kommentar
Der Aufforderungscharakter solcher Materialien zur Wortschatzerweiterung hängt stark von der Qualität der Bilder ab: Gute Fotos können Reiseprospekten und Bildbänden entnommen, aber auch im Internet gefunden werden. Durch Zuordnung der Wortkärtchen wird die Aufmerksamkeit auf die Schreibung gelenkt. Nach diesem Prinzip lassen sich Bild- und Wortkarten für zahlreiche Wortfelder (wie beispielsweise *London sights, sports, hobbies, animals etc.*) erstellen.

Klein-Landeck: Fundgrube für die Freiarbeit Englisch © Auer Verlag GmbH, Donauwörth

2.5 Think fast! (Ratespiel zu verschiedenen Wortfeldern)

Pädagogische Zielsetzung
Vertiefung und Erweiterung des Wortschatzes in zentralen Wortfeldern

Material
Dieses Ratespiel ist geeignet ab Klasse 5. Eine Buchstaben-Drehscheibe, wie man sie von dem Spiel Denkfix (Ratefix) kennt, bekommt man im Spielwarenladen. Dazu gibt es eine Leitkarte mit der Spielanweisung sowie A7-Karteikarten für die Themen (Kopiervorlagen S. 48–50).

Kommentar
Ein Spieler nimmt die oberste Karte vom Stapel und liest den gesuchten Begriff vor, z. B. *something in the classroom.* Dann wird die Drehscheibe angedreht. Das Lösungswort muss mit dem Buchstaben beginnen, auf den der Pfeil zeigt, wenn er zum Stillstand kommt. Wer das korrekte Lösungswort sagt, erhält die Karte. Sieger ist, wer am Ende die meisten Karten hat. „Schwere" Buchstaben wie *X* oder *Y* dürfen ausgeschlossen werden. Schüler können zur Übung der Arbeit mit dem zweisprachigen Wörterbuch ein *dictionary* zur Hand nehmen.

2.6 British Isles (Landeskunde-Puzzle)

Pädagogische Zielsetzung
Kenntnis der geographischen Lage von England, Schottland, Wales, Irland und Nordirland

Material
Von zwei identischen Postern der *British Isles,* die Schulbuchverlage oft kostenlos abgegeben, wird eines in 10 Puzzleteile zerschnitten und laminiert. Das andere dient zur Selbstkontrolle. Die geographischen Begriffe können zusätzlich in ein Arbeitsblatt mit stummer Karte eingetragen werden.

Kommentar
Das Auslegen des Puzzles fördert eine gründliche Auseinandersetzung mit der Geographie der Britischen Inseln. Gearbeitet wird am besten auf einem Teppich oder auf dem Boden.

2.7 Traffic signs (Verkehrszeichen-Lotto)

Pädagogische Zielsetzung
Einführung wichtiger Verkehrszeichen in ihrer englischen Bezeichnung unter Verwendung des Imperativs

Material
Eine Grundplatte (Format ca. DIN A5) ist in 12 gleich große Felder mit den englischsprachigen Erklärungen von Verkehrszeichen unterteilt (Kopiervorlage S. 50, evtl. größer kopieren). Darauf werden Bildkarten der entsprechenden Verkehrszeichen (z. B. aus dem im Spielzeughandel erhältlichen Verkehrs-Memory oder aus dem Internet) gelegt. Auf der Rückseite der Bildkarten ist je ein Buchstabe vermerkt, sodass bei korrekter Zuordnung der Bilder beim Umdrehen der Lösungsbegriff *traffic signs* erscheint.

Klein-Landeck: Fundgrube für die Freiarbeit Englisch © Auer Verlag GmbH, Donauwörth

Kommentar
Schüler lesen Erläuterungen wie *Walk!* oder *Give way!* und entscheiden, welches Verkehrszeichen dem entspricht. Die Selbstkontrolle wird durch richtiges Auflegen der Karten mit der Rückseite nach oben möglich.

2.8 My bicycle (Wortfeld Fahrrad)

Pädagogische Zielsetzung
Erweiterung des Wortschatzes in Bezug auf das Wortfeld Fahrrad

Material
Ein Farbkarton (DIN A 4) mit dem Bild eines Fahrrads in der Mitte wird mit der englischen Beschriftung der Einzelteile versehen und laminiert (Foto unterer Teil). Der Schülerarbeitsbogen (Foto oberer Teil) zeigt nur das Fahrrad sowie Verbindungslinien. Im Materialienteil auf S. 51 finden Sie die englischen Begriffe zum Ausschneiden und Aufkleben sowie eine Arbeitsanleitung für die Schüler.

Kommentar
Das Material eignet sich in Klasse 7. Die Schüler benutzen die laminierte Karte als Modell und lernen so die englischen Bezeichnungen der Fahrradteile kennen. Sie schneiden die Begriffe aus dem zweiten Arbeitsblatt aus und kleben sie auf. Leistungsstarke Schüler können ihren Arbeitsbogen handschriftlich bearbeiten. Dabei ist auf korrekte Orthografie zu achten.

2.9 Using your dictionary (Wörterbuchtraining)

Pädagogische Zielsetzung
Üben der selbstständigen Arbeit mit dem zweisprachigen Wörterbuch

Material
Dieses Material eignet sich ab Klasse 5. Es besteht aus einer Leitkarte sowie Kärtchen mit Suchaufträgen auf der Vorder- und den Lösungen auf der Rückseite (alle Kopiervorlagen auf S. 52–55).

Kommentar
Dem Material ist das Oxford Schulwörterbuch zu Grunde gelegt, das sich für diese Arbeit gut eignet. Wenn andere Wörterbücher zur Verfügung stehen, lassen sich die meisten Aufgaben entsprechend abwandeln. Die sachgerechte Handhabung eines zweisprachigen Wörterbuches stellt eine Basiskompetenz dar, die von Anfang an und regelmäßig geübt werden sollte. In der Freiarbeit, im Klassenunterricht, bei Hausaufgaben und immer häufiger auch in Klassenarbeiten dürfen *dictionaries* verwendet werden. Da das Nachschlagen aber von Schülern oft als lästiges Übel ange-

Klein-Landeck: Fundgrube für die Freiarbeit Englisch © Auer Verlag GmbH, Donauwörth

sehen wird, sollen humorvolle Aufträge dazu motivieren, das Wörterbuch besser kennenzulernen und zu nutzen. Die Nachschlage-Aufgaben beziehen sich u. a. auf das Ordnen in alphabetischer Reihenfolge, die Semantik (z. B. Wortfelder, Synonyme), Abkürzungen, Redewendungen, Amerikanisches und Britisches Englisch sowie die Orthografie. Möglichkeiten der Differenzierung bieten sich dadurch, dass diese Arbeit alleine, zusammen mit einem Partner, aber auch als Wettbewerb auf Schnelligkeit durchgeführt werden kann. Dazu sollten mehrere Wörterbücher zur Verfügung stehen. Es ist möglich, dass einzelne Schüler nur eine bestimmte Anzahl an Aufgaben bearbeiten. Leistungsstarke Schüler können eigene Suchaufträge entwickeln.

3. Materialien zur Förderung des Lese und Hörverstehens

3.1 Action cards (Auftragsröllchen)

Pädagogische Zielsetzung
Förderung des Leseverstehens

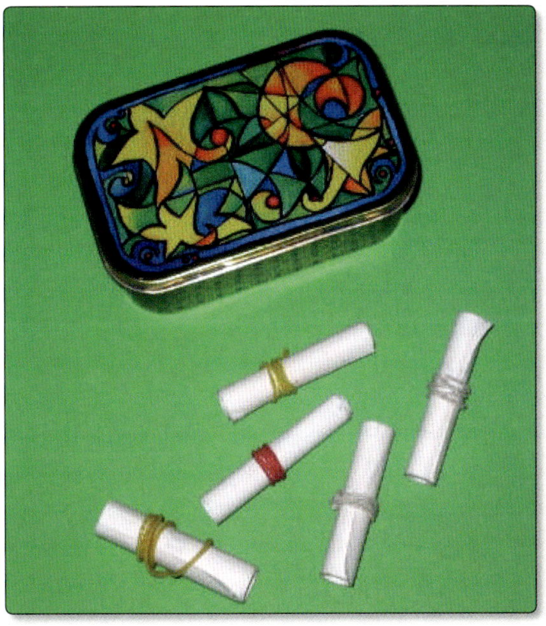

Material
Dieses Partnerspiel ist geeignet ab Klasse 5. Benötigt werden eine Aufbewahrungsdose und ca. 15 Papierstreifen mit Handlungsanweisungen (Kopiervorlage S. 56–58). Diese können als laminierte Streifen in einer großen Dose angeboten werden oder mit Gummiring umwickelt in einem kleinen Behälter aufbewahrt werden.

Kommentar
Auftragsröllchen (*action cards*) sind aus Montessori-Grundschulen bekannt und besitzen großen Aufforderungscharakter. Sie lassen sie sich bis in Klasse 7 anbieten und folgen dem Prinzip des Total Physical Response: Schüler öffnen abwechselnd ein Röllchen und führen die Handlungsanweisung aus. Dabei wird manches nur pantomimisch angedeutet. Reizvoll ist es, wenn die Aufträge zu humorvollen Aktionen wie *Kiss your best friend* oder *Open the window and shout: „Hi, I'm Dieter Bohlen"* animieren. Der Mitspieler prüft, ob der Auftrag richtig verstanden wurde. Das Angebot an Aufträgen kann beliebig erweitert werden.

3.2 Treasure hunt (Schatzsuche mit Wegbeschreibung)

Pädagogische Zielsetzung
Förderung des Leseverstehens in Bezug auf Wegbeschreibungen

Material
Man benötigt eine Wegbeschreibung / Schatzkarte (Kopiervorlage S. 59) pro Kleingruppe sowie einen „Schatz", den es zu finden gilt. Nicht zu teuer, aber dennoch reizvoll, ist eine Dose voller Gummibären o. Ä.

Klein-Landeck: Fundgrube für die Freiarbeit Englisch © Auer Verlag GmbH, Donauwörth

Kommentar
Diese Übung eignet sich für kleine Gruppen von 2–4 Schülern ab Klasse 6. Die Dose mit dem Schatz wird auf dem Schulgelände versteckt. Während der Freiarbeit dürfen sich kleine Gruppen auf Schatzsuche begeben. Dazu folgen sie aufmerksam der Wegbeschreibung auf der Karte, denn sonst kann der Schatz nicht entdeckt werden. *Giving directions* muss zu diesem Zeitpunkt noch nicht in den aktiven Sprachgebrauch übergegangen sein. Es geht lediglich um das Leseverstehen und die korrekte Umsetzung. Dies bietet auch zurückhaltenden Schülern die Möglichkeit, sich erfolgreich einzubringen. Durch den Ausblick auf einen Schatz besitzt das Spiel hohen Aufforderungscharakter. Die Wegbeschreibung hat Ernstcharakter, denn Anweisungen wie *Turn right* oder *Go straight on* werden in ganzheitliches Handeln umgesetzt. Die Wegbeschreibung im Materialienteil kann als Muster für die Entwicklung eigener Schatzkarten dienen.

3.3 Read and draw-Karten (Zeichnungen zu Texten anfertigen)

Pädagogische Zielsetzung
Förderung des Leseverstehens

Material
Schilderungen humorvoller Situationen (Kopiervorlage S. 59–60) werden auf Karteikarten (Format DIN A5) kopiert. Die Texte sollten nur bekanntes Wortmaterial und geläufige Strukturen verwenden.

Kommentar
Schüler ab Klasse 5 lesen die geschilderten Situationen und zeichnen dazu passende Bilder. Durch diese künstlerische Umsetzung dokumentieren sie ihr Textverständnis. *Read and draw*-Karten lassen sich fortlaufend aktualisieren und auf die Themen und den Leistungsstand der Schüler beziehen. Besonders originelle Bilder können der Klasse vorgestellt werden.

3.4 Sports Quiz (Ratespiel zu Sportarten)

Pädagogische Zielsetzung
Förderung des Leseverstehens in Bezug auf Sportarten

Material
6 Karteikarten (DIN A7) werden auf der Vorderseite mit den englischen Bezeichnungen bekannter Sportarten beschriftet. Die Rückseite enthält die englischen Beschreibungen der Sportarten (Kopiervorlage S. 61–62). Eine Leitkarte erklärt die Spielregeln (Kopiervorlage S. 61).

Kommentar
Mit diesem Material arbeiten Kinder ab Klasse 6. Sie lesen die Texte aufmerksam und ermitteln die gesuchte Sportart. Eine Selbstkontrolle erfolgt durch Umdrehen der Karte. Als Partnerspiel wird abwechselnd vorgelesen und geraten. Das Material ist beliebig erweiterbar und stellt eine Vorbereitung auf das Verfassen von ME-Texten zur Lieblingssportart dar.

3.5 Mike's dancing class (Bewegungsanweisungen umsetzen)

Pädagogische Zielsetzung
Schulung des Hörverstehens in Bezug auf Bewegungsanweisungen und Körperteile

Material
Benötigt werden eine Leitkarte (S. 63), ein Satz Karten mit Bewegungsanweisungen, die nach den Anregungen auf S. 63 erstellt werden können, sowie ein CD-Spieler oder Kassettenrekorder mit tanzbarer Popmusik.

Klein-Landeck: Fundgrube für die Freiarbeit Englisch © Auer Verlag GmbH, Donauwörth

Kommentar

Das Material eignet sich ab Klasse 6, wenn *body parts* und einige Bewegungsmöglichkeiten eingeführt wurden. Es erfordert zusätzliche Räumlichkeiten, will man nicht andere Schüler von der Arbeit ablenken. Das Spiel ist sehr attraktiv, da es Bewegung zu flotter Musik erlaubt und wegen seiner basalen sprachlichen Anforderungen auch schwachen Schülern Gelegenheit gibt, andere einmal in englischer Sprache „nach ihrer Pfeife" tanzen zu lassen. Eine kleine Gruppe nimmt Musik und Karten mit in einen freien Raum. Der Anleiter trägt die Kommandos vor. Die Tänzer hören aufmerksam zu und setzen diese in entsprechende Bewegungen um. Die Leitung der Tanzgruppe wechselt nach jedem Durchgang.

4. Materialien zum englischen Satzbau

4.1 Satzbautäfelchen (Training des englischen Satzbaus)

Pädagogische Zielsetzung

Vertiefung der Struktur englischer Sätze

Material

Eine Steckleiste (50 cm x 5 cm x 2 cm mit einer 1,5 cm tiefen Nut) und ein ausreichender Vorrat an Sperrholztäfelchen im Format 7 cm x 8,5 cm können im Baumarkt erworben werden. Etwa 3–6 Täfelchen werden jeweils mit einem Gummiring verbunden. Jedes Täfelchen ist mit dem Bestandteil (Wort oder Wortgruppe) eines Satzes beschriftet. Das kann handschriftlich geschehen oder per Aufkleber (z. B. Videoetiketten), sodass das Material mehrfach verwendet werden kann. Die Selbstkontrolle erfolgt über ein Lösungsblatt oder die entsprechende Seite im Englischbuch.

Kommentar

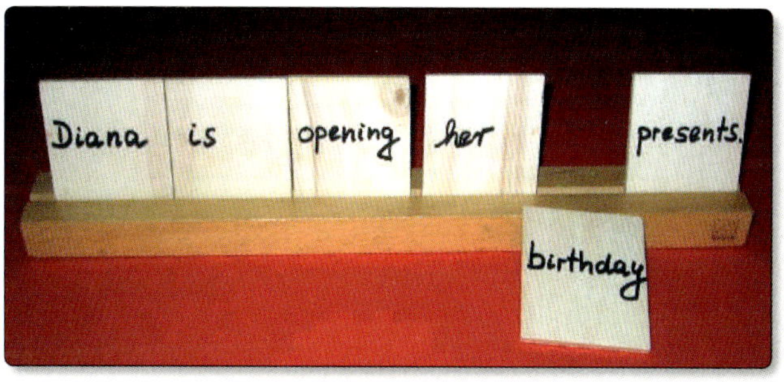

Dieses Material eignet sich ab Klasse 6, wenn ein Grundverständnis des englischen Satzbaus bereits entwickelt ist. Ähnlich wie die *Words of the week* kann es sich zu einem unverzichtbaren Angebot in der Englisch-Freiarbeit entwickeln, da es sich problemlos aktualisieren lässt. Das Grundprinzip dieser Übungen ist aus vielen Lehrwerken bekannt, wo sie regelmäßig angeboten werden. Der Auftrag lautet beispielsweise: *Put the words in the right order and write the sentences.* Bezogen auf unser Material-Beispiel wäre dann zu lesen: *birthday – opening – Diana – is – presents – her*, woraus der korrekte Satz: *Diana is opening her birthday presents* zu bilden ist. Solche Übungen stellen für manche Schüler eine fast unüberwindbare Hürde dar. Viele sind damit überfordert, die zahlreichen Kombinationsmöglichkeiten in Gedanken durchzuspielen und sprachlich korrekt zu Papier zu bringen, ohne einzelne Wörter auszulassen oder gleich mehrfach zu benutzen. Die Klippen sind zahlreich. Also hören wir auch hier wieder auf Montessoris Rat, Abstraktes zu materialisieren und geistige Prozesse in konkrete Handlungen zu überführen!

Der Schüler breitet die Täfelchen eines Satzes vor sich aus und steckt sie nach Sprachgefühl in die Steckleiste. Er liest den entstehenden Satz und nimmt durch Verschieben der Täfelchen ggf. Korrekturen vor. Der Vorteil ist, dass jeder neue Satz sofort sichtbar wird, d. h. man muss ihn sich nicht im Geiste vorstellen können. In gleicher Weise verfährt der Schüler mit den anderen Sätzen. Die Ergebnisse werden überprüft und in das Englischheft übertragen. Drei-Wort-Sätze sind schon in Klasse 5 möglich, eine Steigerung erfolgt im Laufe der Zeit. Die Anzahl der zu bildenden Sätze kann natürlich variieren. Dabei kann es sich um einzelne Sinneinheiten handeln, aber auch um einen Text aus zusammengehörigen Sätzen. Da sich mit etwa sechs aufeinander bezogenen Sätzen schon die Nacherzählung / Inhaltsangabe eines bekannten Textes erstellen lässt, kann eine

Klein-Landeck: Fundgrube für die Freiarbeit Englisch © Auer Verlag GmbH, Donauwörth

weiterführende Aufgabe darin bestehen, die gebildeten Sätze in der richtigen Reihenfolge anzuordnen. Eine weitere Differenzierungsmöglichkeit besteht darin, Satzanfänge bereits vorzugeben oder nicht.

4.2 Würfelspiel zum englischen Satzbau (Einübung der Struktur S–V–O)

Pädagogische Zielsetzung
Einführung und Vertiefung der *word order* S–V–O im Englischen

Material
Benötigt werden vier Würfel mit einer Kantenlänge von mindestens 4 cm und eine Teppichfliese als Unterlage. Der erste Würfel nennt auf jeder Seite ein Subjekt/eine Person, der zweite ein Verb im Präsens (3. Person Einzahl), der dritte ein Objekt und der vierte eine Orts- oder Zeitangabe. Ein Arbeitsblatt für die Schüler dient der Verschriftung der gewürfelten Sätze (Kopiervorlage S. 64).

Kommentar
Der Schüler würfelt nacheinander ein Subjekt, ein Verb, ein Objekt sowie eine Orts- oder Zeitangabe und erhält somit einen vollständigen englischen Satz. Das Würfeln auf der Teppichfliese verhindert Störgeräusche. Die erwürfelten Begriffe werden in das Arbeitsblatt eingetragen, damit sich der englische Satzbau spielerisch einprägt. Reizvoll ist es, wenn auch Nonsense-Sätze erlaubt sind wie *Mary feeds dad in the garden*. Schüler sind darauf hinzuweisen, dass am Satzanfang groß geschrieben wird. Vorliegende Würfel wurden im Lehrmittelhandel erworben. Sie lassen sich jedoch leicht selber herstellen, indem man Blanko-Würfel kauft und beschriftet.

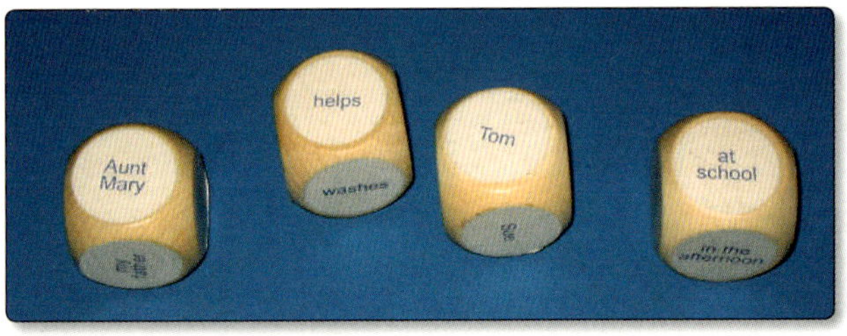

Im Fachunterricht lässt sich hier gut mit einem von Kindergeburtstagen her bekannten Spiel an diese Übung anknüpfen: Jeder Mitspieler trägt ein Subjekt in die erste Spalte ein, knickt seinen Zettel um und reicht ihn weiter. In der zweiten Runde schreibt jeder Spieler ein Verb auf, knickt den Zettel um und reicht ihn weiter. Am Schluss hat jeder einen meist unsinnigen, aber mitunter lustigen Satz vor sich, den er vortragen darf.

4.3 Ort vor Zeit! (Kartenmaterial zum Auslegen)

Pädagogische Zielsetzung
Einführung in die Regel „Ort vor Zeit" (*place before time*)

Material
Benötigt werden 3 Sätze à 6 laminierte Streifen aus farbigem Karton:

- **Satz 1**:
  6 Streifen (7 cm x 36 cm) mit Satzanfängen
- **Satz 2**:
  6 Streifen (7 cm x 22 cm) mit Ortsangaben
- **Satz 3**:
  6 Streifen (7 cm x 15 cm) mit Zeitangaben.

Die Karten von Satz 1 sind rechts konkav geformt, Satz 2 links konvex und rechts spitz zulaufend, Satz 3 links entsprechend eingekerbt. So ist die Anordnung von je 3 Karten von links nach rechts eindeutig vorgegeben. Mögliche Satzanfänge, Ortsangaben und Zeitangaben finden Sie im Materialienteil auf S. 65.

Klein-Landeck: Fundgrube für die Freiarbeit Englisch © Auer Verlag GmbH, Donauwörth

Kommentar

Der Bauplan englischer Sätze ist sehr strikt und eine zentrale Regel lautet: Kommen Orts- und Zeitangaben zusammen in einem Satz vor, steht immer „Ort" vor „Zeit". Aber bekanntlich helfen Merkverse wie *Like nine before ten, it's where before when* oder einfache Stützen wie „O vor Z" oft nicht weiter. Das Material soll das Verständnis für die Stellung der Satzglieder unterstützen. Die Karten sind so gestaltet, dass die Schüler formal korrekte Sätze bilden und dabei die intendierte Reihenfolge einhalten. Sie erhalten den Auftrag, Überlegungen zur Reihenfolge der Satzglieder anzustellen und selber eine Regel zu formulieren. Bei Bedarf kann es gestattet sein, Nonsense-Sätze wie *The Beatles became famous in Bethlehem in 1659* zu bilden. Ein Lösungsbogen sollte aber bereitgestellt werden.

5. Materialien zur Zeitenbildung

5.1 Simple present (Bildung der 3. Person Einzahl)

Pädagogische Zielsetzung

Kenntnis der einfachen Gegenwart, insbesondere der Regeln zur Bildung der 3. Person Einzahl

Material

Das Material besteht aus einer Leitkarte (Kopiervorlage S. 66) mit den Regeln zur Bildung des *simple present* und drei Kartensätzen zu den Besonderheiten der 3. Person Einzahl. Sie werden auf verschiedenfarbiges Papier kopiert (Kopiervorlage S. 66–67). Dazu müssen noch folgende Kartensätze angefertigt werden:

- **Kartensatz 1:** Regelkarte Nr. 1 (21 cm x 8,5 cm), dazu 4 weiße Karten (15 cm x 8,5 cm) mit Verben (*sleep, run, talk, stop*), bei denen in der 3. Person ein *-s* angehängt wird, sowie 4 kleine Karten (8,5 cm breit) mit der Endung *-s*.
- **Kartensatz 2:** Regelkarte Nr. 2, dazu 4 orange Karten mit Verben (*wash, kiss, catch, watch*), an die man nach dem Zischlaut ein *-es* anhängt, sowie 4 kleine Karten mit der Endung *-es*.
- **Kartensatz 3:** Regelkarte Nr. 3, dazu 4 rote Karten mit Verben (*go/do, tidy/hurry*), bei denen auf die besondere Schreibung zu achten ist. Außerdem 4 kleine Karten mit der Endung *-es* (für *do/go*) bzw. *-ies* (für *tidy/hurry*).

Die Karten werden durch konvexe, konkave oder spitz zulaufende Formen so gestaltet, dass sich die Verben und ihre Endungen zusammenfügen lassen (vgl. Foto). Die roten Karten sind so gestaltet, dass der Bogen des *i* in der Endung *-ies* nur beim Verb *hurry* bzw. *tidy* ansetzen kann.

Kommentar

Dieses Material ist ab Klasse 5 geeignet. Von der Idee und Struktur her wurde es angeregt durch die positiven Erfahrungen mit dem Material zum *present progressive* (S. 28–29). Nachweislich fällt zahlreichen deutschen Schülern die Anwendung der Regel *He, she, it – the „s" must fit!* nicht leicht. Und so manchen Englischlehrer hat dies schon zur Verzweiflung gebracht, wirkt diese Regel doch keineswegs zu anspruchsvoll. Und dennoch ... Dieses Material leitet die Schüler stark an. Durch das Anhängen farblich entsprechender Endungen an den jeweiligen Verbstamm werden korrekte Gegenwartsformen gebildet. Schüler legen dazu die Regelkarten aus und ordnen darunter die korrekt zugeordneten weißen, orangefarbigen und roten Karten an.

Klein-Landeck: Fundgrube für die Freiarbeit Englisch © Auer Verlag GmbH, Donauwörth

Alles wird sauber in das Englischheft übertragen.
Mithilfe dieses Materials wird wieder in eine konkrete Handlung übersetzt, was sonst vor dem geistigen Auge geleistet werden soll. Durch die motorische Aktivität des Anhängens von Endungen an den Verbstamm soll die Regel besser verstanden und verinnerlicht werden. Erfolgsgarantie gibt es natürlich keine, jedoch kann eine wiederholte Aufnahme von Informationen über verschiedene Sinneskanäle die nachhaltige Verankerung von Wissen unterstützen.

5.2 Present progressive – Gelbes Material (Bildung der Verlaufsform der Gegenwart)

Pädagogische Zielsetzung
Kenntnis der Verlaufsform der Gegenwart sowie der wichtigsten Regeln zur Bildung der *ing*-Form des Verbs

Material
Das Material besteht aus einer Leitkarte (Kopiervorlage S. 67) mit Regeln zur Bildung der *ing*-Form und einer Arbeitsanweisung zum Umgang mit dem Material. Drei Kartensätze sind herzustellen:

- **Kartensatz 1:** 5 Karten (14 cm x 7 cm) mit Verben, welche die *ing*-Form regulär bilden (*watch, play, sleep, work, speak*) und 5 kleinere Karten (7 cm x 7 cm) mit der Endung *-ing.*
- **Kartensatz 2:** 5 Karten (14 cm x 7 cm) mit Verben, bei denen das stumme *-e* im Auslaut entfällt (*shine, ride, drive, dance, come*) und 5 kleinere Karten (7 cm x 7 cm) mit der Endung *-ing.*
- **Kartensatz 3:** 5 Karten (14 cm x 7 cm) mit Verben, bei denen der Endkonsonant nach kurzem Vokal verdoppelt wird (*win, run, swim, stop, cut*), dazu 5 kleine Karten (3,5 cm x 7 cm) mit je einem Konsonanten zur Verdoppelung und 5 kleinere Karten (7 cm x 7 cm) mit der Endung *-ing.*

Kommentar
Die Karten sind so eindeutig gestaltet, dass durch Anlegen der Endung *-ing*, das Einfügen der zu verdoppelnden Konsonanten bzw. das Verdecken des stummen *-e-* im Auslaut durch die Endung *-ing* korrekte Verbformen gebildet werden. Schüler arbeiten nach kurzer Einführung selbstständig weiter. Aufgrund der eindeutigen Vorgaben kann die Leitkarte auch weggelassen werden. Es genügt dann der Auftrag, durch Auslegen der Karten die Regeln zu entdecken und aufzuschreiben. Geht es bei der Bildung des *present progressive* also etwa darum, „den Endkonsonanten nach betontem Vokal zu verdoppeln", ist es hilfreich, genau dies in Handlung umzusetzen. Das erhöht für viele Kinder die Chance, eine abstrakte Regel durch Be-greifen zu verstehen und zu verinnerlichen. Sobald es ihnen gelingt, diesen Vorgang auch theoretisch-abstrakt zu meistern, hat das Material seinen Zweck erfüllt. Es sollte nicht vergessen werden, dass auch leistungsstarke Schüler von dieser sinnenhaften Basis eines Lernvorganges profitieren und zu einem tieferen Verständnis der Dinge gelangen können.

5.3 Present progressive – Grün-gelbes Material (Aussagen und Fragen in der Verlaufsform)

Pädagogische Zielsetzung
Kenntnis der Verlaufsform der Gegenwart sowie der Bildung von Aussagen und Fragen im *present progressive*

Klein-Landeck: Fundgrube für die Freiarbeit Englisch © Auer Verlag GmbH, Donauwörth

Material

Dieses Material baut auf dem gelben Kartenmaterial auf. Es sind hierfür zwei Kartensätze anzufertigen:

- **Kartensatz 1:** 3 kleine grüne Karten (10 cm x 16,5 cm) mit der Aufschrift „1. Person Einzahl – ich", „2. Person Einzahl – du" usw. Auf der Rückseite steht das Wort „Singular". Dazu 3 große grüne Karten (10 cm x 28 cm) mit der Aufschrift *I am singing, You are singing* usw. Das Pronomen und die Form von *be* sind farblich hervorgehoben, um ihre Zusammengehörigkeit sinnfällig zu machen. Auf der Rückseite ist die Aussage jeweils als Frage formuliert: *Are you singing?* etc.
- **Kartensatz 2:** 3 kleine gelbe Karten (10 cm x 16,5cm) mit der Aufschrift „1. Person Mehrzahl – wir" usw. Auf der Rückseite steht das Wort „Plural". Dazu 3 große gelbe Karten (10 cm x 28 cm) mit der Aufschrift *We are singing* etc. Farbliche Gestaltung und Beschriftung der Rückseite wie in Kartensatz 1.

Kommentar

Das Material ist so konzipiert, dass durch Auslegen aller Karten das Verb *sing* in der Verlaufsform der Gegenwart einmal durchkonjugiert wird. Im Englischunterricht der Klasse 5 ist es ja leider nicht so, dass die Kenntnis wichtiger grammatischer Kategorien vorausgesetzt werden kann. Schüler sind oft nicht mit Begriffen wie Singular oder Plural vertraut und oder können Ausdrücke wie „1. Person Einzahl" keinem Personalpronomen zuordnen. Englische Grammatiken sind aber meist so konzipiert, dass sie von einem entsprechenden Grundverständnis ausgehen. Das grün-gelbe Kartenmaterial soll dabei helfen, die Struktur der Sprache besser zu durchschauen. Durch das Auslegen der Karten soll bewusst werden, dass man sowohl in der Einzahl / Singular als auch in der Mehrzahl / Plural von der ersten bis dritten Person spricht und dass dieser jeweils ein Pronomen entspricht. Der Unterschied Singular – Plural soll durch die Wahl unterschiedlicher Farben verdeutlicht werden. Durch Umdrehen der großen Karten lassen sich auch Fragen in der Verlaufsform bilden. Es genügt der Hinweis, dass bei der Fragebildung nur das Subjekt und die Form von *be* zu tauschen sind. Diese Regel kann von Schülern aber auch gefunden und verbalisiert werden. Zur vielseitigen Anwendung des Gelernten können Drehscheiben nach dem Muster der *going-to-future*-Scheibe (5.7, Seite 31) angeboten werden, sodass vollständige Aussagen und Fragen in der Verlaufsform geübt werden. Weitere Bespiele für Anschlussmaterialien werden nachfolgend vorgestellt.

5.4 Present progressive (Material zur Bildbeschreibung)

Pädagogische Zielsetzung

Anwendung der Kenntnisse über die Verlaufsform der Gegenwart bei der Bildbeschreibung

Material

Das Material baut auf den Grundlagenmaterialien zum *present progressive* auf. Es besteht aus den Arbeitsblättern A und B (Kopiervorlage S. 68–69). Zu den dort beschriebenen Aktivitäten ist Bildmaterial nötig, das sich leicht selber herstellen lässt und das die auf den Arbeitsblättern beschriebenen Tätigkeiten illustriert (z. B. *to have a picnic*). Zeitschriften und Internet stellen eine kostengünstige Quelle dar und bieten reichlich Bildmaterial zum Ausschneiden

Kommentar

- **Teil A des Materials:** Bei diesem Material geht es darum, die auf Bildkarten dargestellten Aktivitäten zu beschreiben, indem man aus einem vorgegebenen Angebot den passenden Infi-

Klein-Landeck: Fundgrube für die Freiarbeit Englisch © Auer Verlag GmbH, Donauwörth

nitiv (z.B. *have a picnic*) wählt und daraus einen korrekten Satz bildet (*The family is having a picnic*). Dieser wird auf dem Arbeitsblatt eingetragen. Zur Kontrolle liegt ein Lösungsbogen bereit.

- **Teil B des Materials:** Bei diesem Material muss die Verlaufsform nicht aktiv gebildet werden. Es genügt, Bildbeschreibungen im *present progressive* zu verstehen und dem richtigen Bild zuzuordnen. Die Bilder müssen allerdings hierfür entsprechend nummeriert werden. Zur Kontrolle kann ein Lösungsbogen bereitgestellt werden.

Das hier am Beispiel verschiedener Materialien zum *present progressive* dargestellte Prinzip lässt sich auch auf andere Bereiche übertragen. So kann etwa zum *simple past* ebenfalls zunächst ein Material angeboten werden, das in die regelmäßige Bildung der Vergangenheitsform einführt, sowie weitere Arbeitsmittel zur Bildung von Frage und Verneinung entwickelt werden.

5.5 Simple Past-Lotto (Festigung (un-)regelmäßiger Vergangenheitsformen)

Pädagogische Zielsetzung

Festigung regelmäßiger und unregelmäßiger *simple past*-Formen

Material

Auf eine quadratische Sperrholzplatte (40 cm x 40 cm) werden 5 x 5 gleich große Kästchen aufgezeichnet (8 cm x 8 cm pro Kästchen). In jedem der 25 Felder wird der Infinitiv eines Verbs notiert. Ein Poster (z. B. von Janosch) wird auf Karton aufgeklebt und in 25 Plättchen (je 8 cm x 8 cm) zerschnitten. Auf die Rückseite der Plättchen schreibt man die Vergangenheitsformen der auf der Sperrholzplatte verwendeten Infinitive.

Kommentar

Die Schüler haben sich zuvor mit einem Material, das so aufgebaut ist wie das zum *present progressive*, die regelmäßige Bildung des *simple past* erarbeitet. Wiederholt haben sie mit Karten die Endung *-ed* an Verbstämme angehängt. Nachdem nun auch erste unregelmäßige Vergangenheitsformen (*did, gave, got, had, lost, saw, was/were, won*) eingeführt wurden, kann mit dem Lotto gearbeitet werden. Schüler legen die Plättchen so auf die entsprechenden Felder, dass der Poster-Ausschnitt nach oben zeigt. Die Selbstkontrolle ergibt sich durch das fertige Gesamtbild. Dieses Prinzip lässt sich auf andere Lernbereiche übertragen. Ein großer Ansporn entsteht durch den Anspruch, das Bild korrekt auszulegen. Allerdings ist bei diesem Materialtyp darauf zu achten, dass sich Schüler nicht primär an den Bildausschnitten, sondern an den grammatischen Formen orientieren und sich diese einprägen. Bei Bedarf kann ein Arbeitsblatt dazu angeboten werden, auf dem die Ergebnisse gesichert werden.

5.6 Going-to-future (Bildung der Zukunft)

Pädagogische Zielsetzung

Kennenlernen des *going-to-future* als Möglichkeit, Pläne und Absichten für die Zukunft auszudrücken. Einführung in die Fragebildung.

Material

Das Material stellt die Voraussetzung für die Arbeit mit der *going-to-future*-Scheibe (5.7, S. 31) dar. Es besteht aus drei Sätzen von Karten (Vorlage S. 70), die auf verschiedenfarbigen Karton im Format 7 cm x 15 cm kopiert werden. Auf 8 gelben Karten finden sich Satzanfänge wie *I am, The kids are* etc. Auf der Rückseite sind Pronomen und Hilfsverb für die Fragebildung vertauscht. Auf 8 grünen Karten befindet sich jeweils die Form *going to*. Auf 15 roten Karten sind Aktivitäten aufgeführt wie *kiss the baby, spend money* etc. Dazu kommen 8 kleine gelbe Karten mit Fragezeichen für die Fragesätze.

Klein-Landeck: Fundgrube für die Freiarbeit Englisch © Auer Verlag GmbH, Donauwörth

Kommentar
Schüler bilden Aussagen nach dem Muster *Liz is going to win the match* und schreiben diese in ihr Heft. Durch die Gestaltung der gelben Karten soll sinnfällig werden, welche Form von *be* zu welcher Person gehört. Person bzw. Personalpronomen und die korrekte Form von *be* sind hier untrennbar verknüpft. Kinder können, wenn sie dies wünschen, zu ihren Sätzen kleine Bilder gestalten oder sich weitere Aktivitäten ausdenken. Eine Differenzierungsmöglichkeit ergibt sich durch die Anzahl der zu bildenden Sätze, eine Erweiterung durch den Einbezug der Fragebildung. Durch das Umdrehen der gelben Karten und Anlegen der Fragezeichen lassen sich Fragen wie *Are you going to go shopping?* bilden.

5.7 Going-to-future-Scheibe (Drehscheibe zur Satzbildung in der Zukunft)

Pädagogische Zielsetzung
Üben von Aussagen im *going-to-future*, um Pläne und Absichten für die Zukunft auszudrücken

Material
Bei der Drehscheibe handelt es sich um drei verschiedenfarbige Scheiben aus Karton im Durchmesser von 20 cm (untere Scheibe), 13 cm (mittlere Scheibe) und 9 cm (obere Scheibe). Diese werden mit einer Spreizklammer zusammengehalten, die das Mit- und Gegeneinanderdrehen ermöglicht. Auf der größeren, unteren Scheibe sind Tätigkeiten wie *play ice-hockey* oder *dance all night* aufgeführt. Auf der mittleren Scheibe werden die drei möglichen Formen *is / am / are going to* genannt. Auf der kleinsten, oberen Scheibe sind verschiedene Personen wie *We*, *Bob* oder *Daisy* aufgeführt. Eine Kopiervorlage zur Beschriftung der Scheibe findet sich auf S. 71 im Materialienteil.

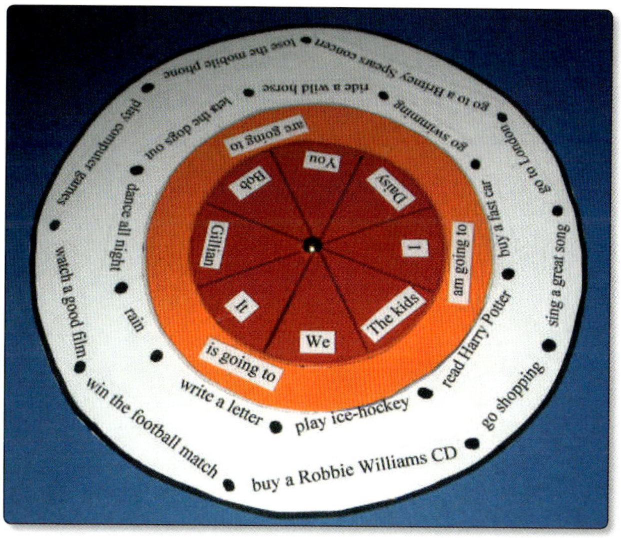

Kommentar
Der Arbeit mit diesem Material ist eine Einführung in die Bildung der Futurform vorausgegangen. Drehscheiben stellen grundsätzlich ein reizvolles Übungsmaterial für Schüler dar, weil sie in gewissem Rahmen kreativ sein und originelle Sätze bilden können. Dabei trainieren sie nebenbei diese wichtige Zeitform im Englischen. Das Material lässt sich leicht selber herstellen und kann sowohl als laminiertes Einzelexemplar für die Klasse als auch im Bausatz (Kopiervorlage und Spreizklammern) für jeden Schüler angeboten werden. Man dreht die drei Scheiben so zueinander, dass je drei Satzteile ein Ganzes ergeben: *I am going to read Harry Potter* oder *Bob is going to go to a Britney Spears concert.* Die Sätze werden aufgeschrieben. Ihre Anzahl ist abhängig vom Lerntempo des Schülers. Sind Kinder einmal mit diesem Materialprinzip vertraut, lassen sich solche Scheiben auch für andere *tenses* basteln.

Klein-Landeck: Fundgrube für die Freiarbeit Englisch © Auer Verlag GmbH, Donauwörth

5.8 Zeiten-Würfel (Bildung wichtiger Zeitformen)

Pädagogische Zielsetzung
Vertiefende Wiederholung der Bildung wichtiger *tenses*

Material
Das Material besteht aus einer Leitkarte mit Arbeitsanleitungen für die Schüler (Kopiervorlage S. 71), drei großen Würfeln mit einer Kantenlänge von 6 cm, einer Teppichfliese zu Geräuschdämpfung und einem Arbeitsblatt zur Verschriftung der Lösungen (Kopiervorlage S. 72). Ein Würfel nennt das Subjekt/Pronomen (*I, you, he/she, we, you, they*), der zweite eine Aktivität im Inifinitiv (*play football, watch TV, listen to music, go to London, read a book, have a party*) und der dritte eine der bekannten Zeiten (*simple present, present progressive, simple past, will-future, going-to-future* oder *freie Auswahl*). Ein Kontrollblatt sollte nicht fehlen (Kopiervorlage S. 72).

Kommentar
Dieses Material eignet sich ab Klasse 6. Der Schüler würfelt nacheinander mit den Würfeln und trägt das Ergebnis auf dem Arbeitsbogen ein. Anschließend bildet er die korrekte Form des Verbs in der durch den Würfel vorgegebenen Zeit und schreibt den Satz auf. Die Anzahl der Sätze kann je nach Leistungsstärke der Schüler variieren. Es erscheint sinnvoll, von jeder Zeitform mindestens 2 Beispiele zu bilden. Diese Übung wirkt auf Grund ihrer Kontextungebundenheit starr. Jedoch signalisieren Schüler immer wieder, dass ihnen solche isolierten Übungen zur Wiederholung, erneuten Bewusstmachung und Vertiefung helfen, bisherigen Lernstoff besser zu überblicken.

5.9 Zielscheibe (Zeitformen unregelmäßiger Verben)

Pädagogische Zielsetzung
Festigung unregelmäßiger Verben mit ihren Formen *infinitive, simple past* und *past participle*

Material
Auf eine runde Sperrholzplatte mit einem Durchmesser von 50 cm wird farbiger Karton mit einer aufgezeichneten Zielscheibe (8 Segmente, 3 Ringe) geklebt. Dazu gehören Streifen in den drei verschiedenen Größen der Felder. Sie werden in drei Schalen aufbewahrt. Die kleinen Streifen mit den Infinitiven (*be – begin – break – buy – catch – come – do – fall – find – get – give – go – have – see – speak – take*) werden im Innenkreis ausgelegt. Die mittleren Streifen mit dem *simple past* (*was/were – began – broke* etc.) im Mittelkreis und die größten Streifen mit dem Partizip (*been – begun – broken* etc.) im Außenkreis. Ziffern auf der Rückseite ermöglichen eine Selbstkontrolle.

Kommentar
Dieses Material kann in der 6. Klasse angeboten werden, sobald das *present perfect* eingeführt wurde. Sollen die Schüler schon früher damit arbeiten, etwa um das *simple past* zu festigen, werden

Klein-Landeck: Fundgrube für die Freiarbeit Englisch © Auer Verlag GmbH, Donauwörth

die nicht benötigten Streifen entfernt. Die Zielscheibe ist ein attraktiver Materialtypus, der gerne in die Hand genommen wird, denn das vollständige Auslegen der Streifen ist reizvoll. Nachdem die ersten acht Verben erarbeitet wurden, werden alle Karten ordentlich abgeräumt, um Platz zu machen für die nächsten acht. Die Größe und Beschaffenheit spielen bei diesem Material eine wesentliche Rolle: Einerseits wegen der besseren Stabilität und Haltbarkeit einer Holzscheibe, andererseits hantieren große Schüler eben lieber mit großen Materialien … Die Zielscheibe lässt sich im Übrigen auch in anderen Lernbereichen verwenden: Nach dem gleichen Prinzip lassen sich Streifen zur Steigerung der Adjektive (*good – better – best*, vgl. 7.2) oder der Adverbien (*loudly – more loudly – most loudly*) entwickeln.

6. Materialien für Sprech- und Schreibanlässe

6.1 Fortune-tellers (Wahrsager-Spiel)

Pädagogische Zielsetzung
Üben von Ja-Nein-Fragen im *will-future*

Material
Benötigt werden eine schöne Glaskugel, ein buntes (Kopf-)Tuch, die Leitkarte mit der Spielanweisung (Kopiervorlage S. 73) sowie ca. 20 Karteikarten im Format DIN A7 für die Fragen (Kopiervorlage S. 73–74).

Kommentar
Dieses Partnerspiel ist geeignet für Klasse 6. Das Tuch wird auf dem Tisch ausgebreitet. Darauf wird die Glaskugel gestellt. Der Schüler, der Wahrsager spielt, trägt ein Kopftuch. Ein anderer Schüler ist Kunde und lässt sich die Zukunft vorhersagen. Als Hilfe dienen die *will*-Fragen auf den Karteikarten. Der Wahrsager antwortet u. a. mit *Yes, you will* oder *No, you won't* bzw. *I don't know*. Das Spiel erfreut sich großer Beliebtheit und wird besonders interessant, wenn die Rollen mit dramatischer Ausgestaltung wirklich gespielt werden, z. B. wenn der Wahrsager die Glaskugel mit entsprechenden Handbewegungen beschwört. Differenzierungsmöglichkeiten bieten sich dadurch, dass sich Schüler von den Karten lösen und frei sprechen. Auch lassen sich leicht eigene Frage-Karten gestalten.

6.2 Mystery Person (Partnerspiel zur Personenbeschreibung)

Pädagogische Zielsetzung
Üben der Personenbeschreibung mit Ja-Nein-Fragen und Kurzantworten

Material
Dieses Gesellschaftsspiel ist im Spielwarenhandel u. a. unter dem Namen *Who is who?* erhältlich und besteht aus zwei Spielbrettern mit aufklappbaren Portraits weiblicher und männlicher Personen und 24 Spielkärtchen mit dem Gesicht je einer dieser Personen. Erweitert um eine Leitkarte mit den Spielregeln und beispielhaften Ja-Nein-Fragen zur Personenbeschreibung in englischer Sprache (Leitkarte mit möglichen Fragen auf S. 74) stellt es ein beliebtes Arbeitsmittel dar.

Klein-Landeck: Fundgrube für die Freiarbeit Englisch © Auer Verlag GmbH, Donauwörth

Kommentar

Das Thema *My body* und die Personenbeschreibung in englischer Sprache lassen sich mit diesem Spiel gut einüben, da die Grundidee motivierend ist: Zwei Spieler sitzen einander gegenüber, das für den Gegner nicht einsehbare Spielbrett vor sich. Jeder Spieler zieht ein Bildkärtchen, ohne es dem anderen zu zeigen. Dieser muss nun durch geschicktes Fragen herausfinden, um welche Person es sich handelt. Wird eine Frage mit „Yes" beantwortet, klappt er die Portraits aller Personen um, auf welche die Beschreibung nicht zutrifft, und fragt weiter. Ist die Antwort negativ, wechselt das Fragerecht. Wer zuerst die gesuchte Person errät, gewinnt. Im Klassenunterricht bieten sich ergänzende Spiele an, bei denen durch geschicktes Fragen oder Beschreiben Mitschüler erraten werden müssen.

6.3 Problem page (Partnerspiel zu Teenagerproblemen)

Pädagogische Zielsetzung

Über typische Probleme von Teenagern und mögliche Lösungswege sprechen können

Material

Aus Sicht eines Teenagers typische, aber nicht immer ernst gemeinte Probleme (Kopiervorlage S. 75–76) werden auf 18 Karteikarten (Format DIN A6) geklebt. Einige Texte enden explizit mit der Frage: *What can I do?*, andere implizieren sie. Dazu finden Sie eine Leitkarte mit der Spielanweisung (S. 75).

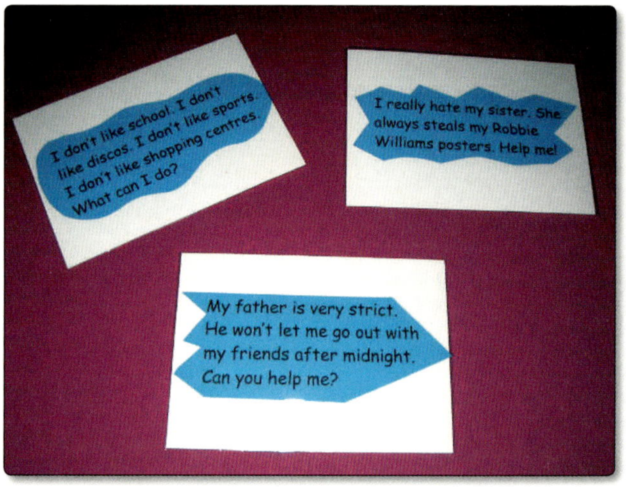

Kommentar

Mit diesem Material können Schüler ab Klasse 7 arbeiten. Aus den beschriebenen Problemen wird je nach Leistungsstärke und Interesse eine individuelle Auswahl getroffen. Arbeitet ein Schüler alleine, beantwortet er die Fragen nach Art einer *problem page* schriftlich. Zu zweit lässt sich ein Rollenspiel inszenieren und der Klasse präsentieren.

6.4 Superstitions (Kurzantworten mit Yes, I do / No, I don't)

Pädagogische Zielsetzung

Über Aberglauben und Ängste sprechen und dabei Kurzantworten wie *Yes, I do / Yes, I am* und *No, I don't / No, I'm not* wiederholen

Material

Humorvolle Fragen nach Glauben, Aberglauben und Befürchtungen werden auf 10 Karteikarten (Format DIN A6) geklebt. Eine Leitkarte enthält die Spielanweisungen (Kopiervorlagen S. 77).

Kommentar

Mit diesem Material können Schüler ab Klasse 6 alleine oder zu zweit arbeiten. Kurzantworten sind schon bekannt und werden hier vertieft. Thematisch sind aber eher ältere Schüler angesprochen. Wird alleine gearbeitet, schreibt man Fragen auf und beantwortet sie schriftlich im Heft. Zu zweit lässt sich die Übung auch als Interview inszenieren und mit etwas dramaturgischem Geschick (z. B. als Promi-Interview) der Klasse vorspielen.

Klein-Landeck: Fundgrube für die Freiarbeit Englisch © Auer Verlag GmbH, Donauwörth

6.5 Can you? (Kurzantworten mit *Yes, I can/No, I can't*)

Pädagogische Zielsetzung
Über eigene Stärken und Schwächen sprechen und dabei die Kurzantworten *Yes, I can/No, I can't* verwenden

Material
Man fertigt Karteikarten (Format DIN A6), auf denen nach persönlichen Stärken und Schwächen gefragt wird (Kopiervorlage S. 78, evtl. größer kopieren).

Kommentar
Mit diesem Material arbeiten Schüler ab Klasse 6. Bei Einzelarbeit werden Fragen und Antworten in das Englischheft geschrieben. Bei Partnerarbeit ziehen Schüler abwechselnd Karten und fragen sich gegenseitig. Es gilt, wahrheitsgemäß mit *Yes, I can* bzw. *No, I can't* zu antworten. Bei Zustimmung ist jedoch ein entsprechender Beweis zu liefern, z. B. ... *jump like a monkey* in Handlung umzusetzen oder zumindest pantomimisch anzudeuten.

6.6 good at – interested in (Über Stärken, Schwächen und Interessen sprechen)

Pädagogische Zielsetzung
Über eigene Stärken, Schwächen und Interessen sprechen können

Material
Die unterschiedlichen Aktivitäten (S. 79) werden größer kopiert und auf 30 Karteikarten (DIN A7) geklebt. Dazu gehört eine Leitkarte, die Beispiele für die sprachlich korrekte Verwendung von *be good at* und *be interested in* gibt.

Kommentar
Das Material eignet sich in der 7. Klasse und kann sowohl in Einzel- als auch in Partnerarbeit sinnvoll genutzt werden. Bei Einzelarbeit ziehen Schüler Karten vom Stapel und formulieren Aussagen zu persönlichen Stärken, Schwächen und Interessen schriftlich im Heft. Beim Partnerspiel ziehen Schüler abwechselnd und geben gegenseitig Auskunft über sich.

6.7 Interview-Sprechblasen (Sich gegenseitig vorstellen)

Pädagogische Zielsetzung
Sich vorstellen und englischsprachige Jugendliche interviewen können

Material
Das Material umfasst ca. 18 DIN-A4-Karten mit Sprechblasen, die sich mit gängigen Textverarbeitungs-Programmen gestalten lassen. Diese enthalten Fragen und Antworten zu persönlichen Daten und Eigenschaften. Eine kleinformatige Version des Kartensatzes ist für die Arbeit am Tisch vorgesehen, die große für das Zuordnen an der Tafel (mit Magneten) oder auf dem Boden (Kopiervorlage für Fragen und Antworten auf S. 80).

Klein-Landeck: Fundgrube für die Freiarbeit Englisch © Auer Verlag GmbH, Donauwörth

Kommentar

Dieses Material eignet sich ab Klasse 5, greift bekannte sprachliche Mittel auf und erweitert diese. Es kann in Einzelarbeit genutzt werden, sinnvoller und beliebter ist aber Partnerarbeit. Fragen und Antworten sind korrekt zuzuordnen, wofür es verschiedene Möglichkeiten gibt:

- Die Sprechblasen werden gut gemischt und wahllos auf der Tafel verteilt. Schüler ordnen Fragen und Antworten korrekt zu und hängen diese nebeneinander.
- Ein Schüler schließt die Augen, während der andere die Zuordnung der Karten an etwa drei Stellen verändert. Der erste Schüler muss nun die richtige Anordnung wieder herstellen.
- Ein Schüler schließt die Augen, während der andere mehrere Antwortkarten umdreht. Der erste Schüler versucht nun, aus der Erinnerung heraus die korrekten Antworten zu benennen.
- Ein Schüler schließt die Augen, während der andere mehrere Fragekarten umdreht. Der erste Schüler versucht nun, aus der Erinnerung heraus die korrekten Fragen zu benennen.
- Der Dialog wird laut und mit verteilten Rollen gelesen. Anschließend erfolgt Rollentausch.
- Der Dialog wird so geführt, dass beide Schüler mithilfe der Redemittel Angaben zu ihrer eigenen Person machen und das Interview authentisch ist.
- Der Dialog wird sauber in das Englischheft geschrieben.

Die Anzahl der Karten lässt sich für manche Schüler auf wenige Kernfragen reduzieren, für andere noch erweitern. Eine Übertragung dieses Materialtyps auf andere Lernbereiche (*holidays, shopping, buying a ticket* etc.) ist sinnvoll und leicht möglich.

7. Diverse Materialien

7.1 Kartenmaterial zur Pluralbildung (regelmäßig – unregelmäßig)

Pädagogische Zielsetzung

Einführung in die Bildung regelmäßiger und unregelmäßiger Pluralformen

Material

In eine Dose werden 15 rote Kärtchen (7 cm x 9 cm) gegeben, die jeweils mit einem Nomen in der Einzahl beschriftet sind und sich in 3 Gruppen à 5 Karten je nach der Art ihrer Pluralbildung unterscheiden lassen (Plural mit *-s*, *-es* oder unregelmäßiger Plural). Zu jeder Gruppe gehört eine eigene Schachtel, in welche die Karten einsortiert werden. Ein Arbeitsbogen (Kopiervorlage S. 81) enthält drei zentrale Regeln zur Pluralbildung (Plural mit *-s*, Plural mit *-es* nach Zischlaut, unregelmäßiger Plural) sowie drei Tabellen zum Eintragen der Lösungen.

Kommentar

Die Pluralbildung wird schon in Klasse 5 thematisiert. Die Schüler lesen die Regeln durch und sortieren die Karten in die entsprechend gekennzeichneten Schachteln:

Plural mit *-s*: *arm, ball, cornflake, sister, teacher*
Plural mit *-es*: *bus, box, dress, sandwich, bush*
unregelmäßiger Plural: *child, foot, man, tooth, woman*

Wörter, bei denen sie unsicher sind, schlagen sie im Wörterbuch nach. Die Lösungen werden in das Arbeitsblatt eingetragen. Besonderheiten in der Schreibung (*body* > *bodies, knife* > *knives* etc.) bleiben bei dieser Übung unberücksichtigt und werden zu einem späteren Zeitpunkt thematisiert.

Klein-Landeck: Fundgrube für die Freiarbeit Englisch © Auer Verlag GmbH, Donauwörth

7.2 Adjektiv-Zielscheibe (Steigerung der Adjektive)

Pädagogische Zielsetzung

Festigung der Steigerungsformen bei Beachtung besonderer Schreibweisen

Material

Eine kreisrunde Zielscheibe aus laminiertem Karton mit einem Durchmesser von 21 cm wird durch entsprechende Linien in 3 Ringe bzw. 6 Segmente geteilt, sodass 18 unterschiedlich große Felder entstehen. Kartonstreifen in den drei verschiedenen Größen der Felder nennen je ein Adjektiv und werden getrennt in drei Schalen aufbewahrt. Kleine Streifen mit dem Positiv (*big – cheap – happy – hot – funny – large – nice – old – safe – small – silly – thin*) werden im Innenkreis ausgelegt, mittlere Streifen mit dem Komparativ (*bigger – cheaper* etc.) im Mittelkreis und die größten Streifen mit dem Superlativ (*biggest – cheapest* etc.) im Außenkreis. Ziffern auf der Rückseite der Karten kennzeichnen die Zugehörigkeit (*big – bigger – biggest* tragen beispielsweise auf der Rückseite die Ziffer „1") und ermöglichen eine Selbstkontrolle.

Kommentar

Dieses Material eignet sich für die Freiarbeit in Klasse 6. Zur Arbeitsweise vgl. die Beschreibung der Unregelmäßige-Verben-Zielscheibe (5.9, Seite 32).

7.3 Question tags (Bestätigungsfragen)

Pädagogische Zielsetzung

Korrekte Verwendung der Bestätigungsfragen

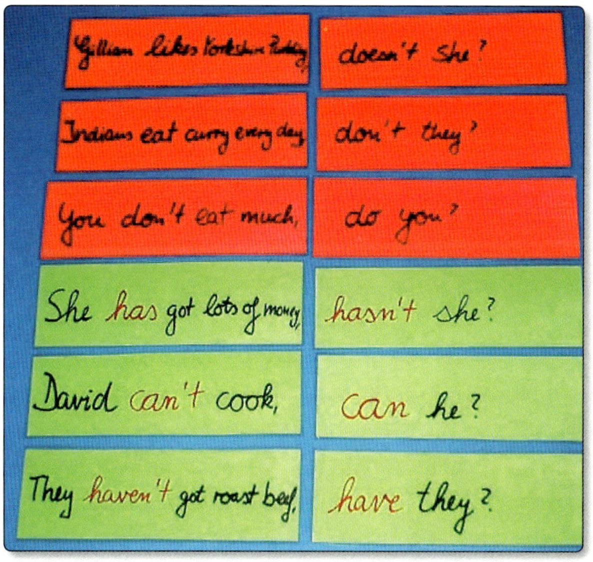

Material

Das Material besteht aus zwei Sätzen von laminierten Streifen aus farbigem Karton. In beiden Kartensätzen finden sich sowohl positive Aussagen wie Verneinungen in den Satzanfängen.

- **Satz 1:** 6 grüne Streifen (7 cm x 25 cm) mit Satzanfängen (Hilfsverben wie *have, can*) und 6 grüne Streifen mit Frageanhängseln (Hilfsverben).
- **Satz 2:** 6 rote Streifen (7 cm x 25 cm) mit Satzanfängen (Hauptverben) und 6 rote Streifen mit Frageanhängseln (mit *do, does, don't* etc.). Mögliche Satzanfänge und Frageanhängsel finden sich im Materialienteil auf S. 82.

Kommentar

Question Tags werden meist in Klasse 7 eingeführt und stellen eine Hürde für viele Kinder dar. Während im Deutschen Fragewörter wie *Ne?* oder *Nicht wahr?* universell verwendbar sind, muss im Englischen immer die Verbform wiederholt werden, die Umkehrung von Aussage und Verneinung beachtet werden, bei Bestätigungsfragen mit Hauptverben eine Form von *do* gewählt und ein Eigenname oder Nomen durch ein Pronomen ersetzt werden. Das Material soll das Verständnis für dieses sprachliche Phänomen fördern. Die Farbgebung der Karten unterstreicht die Unterschiede zwischen Sätzen mit Hauptverben bzw. mit Hilfsverben optisch. Die Verbformen in beiden Satzhälften wurden farblich hervorgehoben, um die Aufmerksamkeit zu fokussieren. Es empfiehlt sich, die Kartensätze zunächst getrennt voneinander zu bearbeiten. Erfahrungsgemäß ist es leichter, mit dem ersten Satz zu beginnen. Als zusätzliche Hilfe kann auch ein großes PLUS- (für Fragen ohne Verneinung) bzw. MINUS-Zeichen (für Fragen mit Verneinung) über die jeweiligen Satzhälften gelegt werden.

Klein-Landeck: Fundgrube für die Freiarbeit Englisch © Auer Verlag GmbH, Donauwörth

7.4 Much – many – a lot of / lots of (Mengenbezeichnungen)

Pädagogische Zielsetzung
Korrekte Verwendung der Mengenbezeichnungen bei (nicht) zählbaren Begriffen

Material
Es besteht aus 3 Leitkarten (DIN A5) sowie 30 laminierten Karten (6 cm x 12 cm) aus buntem Karton:

- 6 grüne Karten mit der Aufschrift *many*
- 6 grüne Karten mit zählbaren Begriffen
- 6 gelbe Karten mit der Aufschrift *much*
- 6 gelbe Karten mit nicht zählbaren Begriffen
- 6 Karten mit der Aufschrift a *lot of / lots of.*

Sie sind beidseitig beschriftet und auf einer Seite gelb, auf der anderen grün. Kopiervorlagen finden sich auf der Seite 83–84 (größer kopieren).

Kommentar
Schüler ab Klasse 6 legen die gelben und grünen Karten aus und ordnen ihnen die Leitkarten zu. Die Begriffspaare (*much water, many people* etc.) werden samt Regeln ins Heft übertragen. Durch farblich entsprechendes Auflegen der Karten mit der Aufschrift *a lot of/ lots of* lässt sich zeigen, dass diese Mengenbezeichnungen an die Stelle von *much* und *many* treten können, wobei *a lot of* vor allem in Aussagesätzen bevorzugt wird. > *a lot of fun, lots of cars* etc.

7.5 London Sights (Bedingungssätze I)

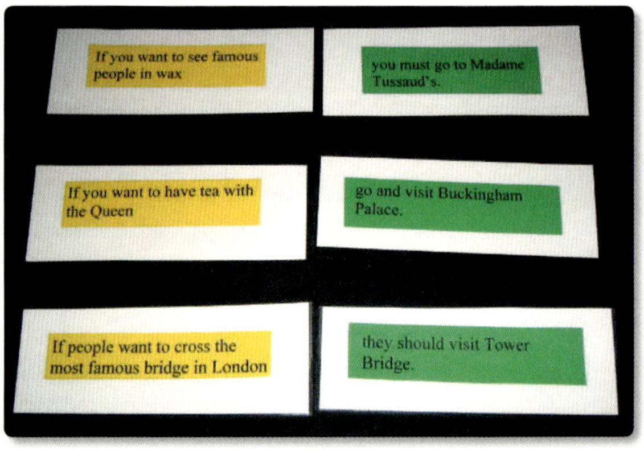

Pädagogische Zielsetzung
Bedingungssätze verwenden können, um über Londoner Sehenswürdigkeiten zu sprechen

Material
Es enthält 10 gelbe Streifen (7 cm x 21 cm) mit Satzanfängen (*if*-Sätze) nach dem Muster *If you want to see famous people in wax ...* und 10 grüne Streifen (7 cm x 21 cm) mit den entsprechenden Satzenden (Hauptsätze) wie *... you must go to Madame Tussaud's*. Ziffern auf der Rückseite der Karten bieten die Möglichkeit zur Selbstkontrolle. Kopiervorlagen für die Streifen befinden sich auf S. 86 im Materialienteil. – Alternativ können sich die Schüler in Partnerarbeit auch gegenseitig Satzanfänge vorlesen, der Partner muss dann den Satz fortführen (Kopiervorlage S. 85).

Kommentar
Das Material setzt die Kenntnis der wichtigsten Londoner Sehenswürdigkeiten voraus. Eine Einführung in die Bildung von Bedingungssätzen muss aber noch nicht erfolgt sein, da sich die Schüler beim Zuordnen der Karten (*„Match the yellow and green cards and write down 10 sentences"*) nicht an formalen, sondern an inhaltlichen Kriterien orientieren. Die Karten werden gemischt auf dem Tisch ausgelegt und korrekt zugeordnet.

Klein-Landeck: Fundgrube für die Freiarbeit Englisch © Auer Verlag GmbH, Donauwörth

1.1 Animal pictures (Bildkarten zur Wortschatzerweiterung)

Arbeitsbögen:

Wie heißen die Tiere auf *Deutsch*?			
Englisch	***Deutsch***	***Englisch***	***Deutsch***
bear		hedgehog	
bird		horse	
butterfly		lion	
camel		monkey	
canary		mouse	
cat		parrot	
chicken		pig	
crocodile		rabbit	
dog		seagull	
dove		sheep	
duck		snail	
elephant		snake	
fish		spider	
frog		squirrel	
giraffe		tiger	
guinea pig		tortoise	

Wie heißen die Tiere auf *Englisch*?			
Englisch	***Deutsch***	***Englisch***	***Deutsch***
	Bär		Igel
	Vogel		Pferd
	Schmetterling		Löwe
	Kamel		Affe
	Kanarienvogel		Maus
	Katze		Papagei
	Huhn		Schwein
	Krokodil		Kaninchen
	Hund		Seemöwe
	Taube		Schaf
	Ente		Schnecke
	Elefant		Schlange
	Fisch		Spinne
	Frosch		Eichhörnchen
	Giraffe		Tiger
	Meerschwein		Schildkröte

Klein-Landeck: Fundgrube für die Freiarbeit Englisch © Auer Verlag GmbH, Donauwörth

1.2 Animal memory game (Tier-Memory)

Leitkarte:

Animal memory game

- Legt die Karten verdeckt auf den Tisch.
- Nehmt abwechselnd je zwei Karten auf. Ihr müsst einen Tiernamen und das passende Bild dazu finden.
- Wer ein Paar hat, darf die Karten behalten.
- Spielt so lange, bis ihr alle Paare gefunden habt.

1.3 Noah's Ark (Tier-Quiz)

Tiernamen (Vorderseite der Kärtchen) und zugehörige Beschreibungen (Rückseite):

tiger	crocodile
polar bear	monkey
elephant	hippopotamus
dog	cat
snake	parrot

Klein-Landeck: Fundgrube für die Freiarbeit Englisch © Auer Verlag GmbH, Donauwörth

Rückseite:

1. This animal comes from Asia and eats meat. It can run very fast. It has got a yellow fur with black stripes. It is dangerous.	6. This animal comes from South America. Its favourite food is meat. It can swim and dive. The animal has got sharp teeth and a green skin. It is very dangerous.
2. This animal comes from the North Pole. Its favourite food is fish. It can swim very well. It has got a white fur.	7. This animal comes from Africa. It eats plants. Its fur is brown and black. It can climb trees very well.
3. This animal lives in Africa and Asia. It is very strong and can carry people and things. Its skin is thick and grey. It has got tusks and a trunk.	8. This animal lives in Africa. It has a thick skin. It eats plants and is a good diver. Its name sounds funny and it is difficult to say.
4. This animal lives on all continents. People love it because it watches their house. It has a brown, white or black fur.	9. This animal can climb and jump well. People love it because it catches every mouse in the house. It has a brown, white or black fur.
5. This animal lives in Africa and Asia. It can move very fast and it can climb trees. It is long and thin and has got a yellow and brown skin. It is dangerous.	10. This animal lives in South America and Africa. It is a tropical bird. Its feathers are very colourful. It can say things like "My name is Polly".

Leitkarte:

Animal Quiz: Noah's Ark

Find out the names of 10 animals!

Klein-Landeck: Fundgrube für die Freiarbeit Englisch © Auer Verlag GmbH, Donauwörth

1.4 A portrait of my favourite animal (Tiere beschreiben)

Arbeitsbogen mit inhaltlichen Hinweisen und Redemitteln:

A Portrait of my favourite animal

Write a text about your favourite animal.
Answer these questions:

- Where does it come from?
- What does it like?
- What does it eat?
- What is interesting about it?

These words will help you:

- It is a wild animal, a zoo animal, a pet …
- It is wild / dangerous / small / nice / funny …
- It lives in Africa / Asia / the zoo / an aquarium / a lake / the sea / a nest / a cage …
- It has got sharp teeth / a fur / a long nose / a tail / four legs / two legs / wings / claws …
- Its colour is …
- Its favourite food is meat / plants / grass / corn / fish / It usually eats small animals / bananas …
- Its name is …
- Its enemy is …
- It can swim / fly / run fast …

1.5 Animal Limericks (Tiergedichte lesen und schreiben)

There was a young girl from Madras
Who had the most beautiful ass,
But not as you think
Firm, round and pink,
But grey, with long ears and eats grass.

(ass: 1. Po, 2. Esel, firm: fest)

There was a young lady from Ryde,
Who ate some green apples and died.
The apples fermented
Inside the lamented,
And made some nice cider inside.

(die: sterben, ferment: gären, lament: beklagen, cider: Apfelwein)

Klein-Landeck: Fundgrube für die Freiarbeit Englisch © Auer Verlag GmbH, Donauwörth

There was an old man from Kilkenny
Who never had more than a penny.
He spent all his money
On onions and honey,
That wayward old man from Kilkenny.

(onion: Zwiebel, wayward: eigenwillig)

There was an old person whose habits
Induced him to feed upon rabbits.
When he had eaten 18
He turned perfectly green.
Upon which he stopped these habits.

(habits: Gewohnheiten, induce: dazu bringen, feed upon something: sich von etwas ernähren, perfectly: völlig, upon which: woraufhin)

There was a young lady called Lynn
Who was so terribly thin,
That when she tried
To drink lemonade,
She slipped down the straw and fell in.

(slip down: hinunterrutschen, straw: Strohhalm)

There was an old man from Berlin
Who was so terribly thin,
That he once, by mistake,
Was mixed up in a cake,
So they baked the old man from Berlin.

(once: einmal, by mistake: aus Versehen)

There was a young lady from Crewe
Who wanted to catch the 22.
Said the driver "Don't worry,
Or flurry or scurry,
It's a minute or two to 22".

(catch the 22: den 22er Bus bekommen, worry: sich sorgen, flurry: sich aufregen, scurry: hasten)

Klein-Landeck: Fundgrube für die Freiarbeit Englisch © Auer Verlag GmbH, Donauwörth

There was a young lady from Riga,
Who smiled as she rode on a tiger.
They came back from the ride
With the lady inside,
And the smile on the face of the tiger.

Arbeitsbogen mit Lückentext zum Verfassen eines Limericks:

Limerick

There was a / an ______________ (1) ______________ (2) from Riga,

That ______________________________ (3) a tiger.

But one day it said: "______________________________ (4)".

So it left home to live in the taiga.

(1): young, old, blue, red, white, black, brown, nice, bad, strong, weak, wild, big, small, blind, deaf, loud, fat, thin, long, tall, short, quick, slow, soft …

(2): lion, tiger, hippo, budgie, rabbit, penguin, chicken, hedgehog, seagull, spider, camel, monkey, squirrel, tortoise, poodle …

(3): went to a party with, could run as fast as, could eat as much as, could sleep as long as, could jump as far as, was dangerous like, was striped just like, had sharp teeth like, was funny like, ate carrots like, gave chocolate to, told stories to, had big claws like …

(4): My life is so bad!, I think I see red!, I am not your pet!, You make me afraid!, You stupid little cat!, What an ugly head!, I can't sleep in your bed!, Your smell is so bad!, This town is quite dead!, This party is dead!, You make me so sad!, Your food makes me fat!, When I sing you're dead!, My stripes make me sad!, I want spots instead!, The weather is great! …

Klein-Landeck: Fundgrube für die Freiarbeit Englisch © Auer Verlag GmbH, Donauwörth

1.6 Animal tongue-twisters (Zungenbrecher)

Three grey geese on three green hills.
Grey were the geese and green were
the hills.

Swan, swim over the sea. Swim, swan, swim!
Swan swam back again.
Well swum, swan!

What in the world does
the white whale want?

Fresh flesh of
fresh fried fish.

A big black bug bit a big
black bear, made the big black
bear bleed blood.

A noisy noise annoys
an oyster.

Klein-Landeck: Fundgrube für die Freiarbeit Englisch © Auer Verlag GmbH, Donauwörth

2.1 Words of the week (Vokabelstreifen in Filmdöschen)

Arbeitsanleitung:

Words of the week

1. Open one of the small containers.
2. Look at the English word and its German translation.
3. Close the container and write down the word (English / German).
4. Open the container again and check your spelling.
5. Now work with the other containers.

2.3 Days of the week / Months of the year (Begriffskärtchen zum Kalender)

January	July
February	August
March	September
April	October
May	November
June	December

Klein-Landeck: Fundgrube für die Freiarbeit Englisch © Auer Verlag GmbH, Donauwörth

Months of the year	
January	
February	
March	
April	
May	
June	
July	
August	
September	
October	
November	
December	

Monday	Friday
Tuesday	Saturday
Wednesday	Sunday
Thursday	

Klein-Landeck: Fundgrube für die Freiarbeit Englisch © Auer Verlag GmbH, Donauwörth

Days of the week	
Monday	
Tuesday	
Wednesday	
Thursday	
Friday	
Saturday	
Sunday	

2.5 Think fast! (Ratespiel zu verschiedenen Wortfeldern)

Think fast!

(Spielanleitung)

Legt die Drehscheibe in die Mitte und die Begriffskärtchen verdeckt daneben. Jeder Mitspieler erhält ein Wörterbuch. Nun zieht ihr eine Karte, lest das Stichwort (z. B. *country*) und dreht die Scheibe. Der gesuchte englische Begriff muss mit dem Buchstaben, der gedreht wird, beginnen und zu dem gezogenen Thema passen. Bei der Suche hilft das Wörterbuch. Wer zuerst einen korrekten Begriff nennt, bekommt das Kärtchen. Sieger ist, wer zum Schluss die meisten Karten hat.

Klein-Landeck: Fundgrube für die Freiarbeit Englisch © Auer Verlag GmbH, Donauwörth

Karteikarten mit Themen:

country	something at home
colour	something terrible
body part	something beautiful
animal	something at school
sport	hobby
job	clothes

Klein-Landeck: Fundgrube für die Freiarbeit Englisch © Auer Verlag GmbH, Donauwörth

food	drink
boy's name	girl's name
flower	zoo animal
fruit	computer part

2.7 Traffic signs-Lotto (Verkehrszeichen-Lotto)

No entry	Don't walk!	Turn right!	Give way!
Stop!	Walk!	Cycle route	Pedestrian crossing
Right of way	Pedestrian precinct	Hey you! What's this?	Careful! Children at play

Klein-Landeck: Fundgrube für die Freiarbeit Englisch © Auer Verlag GmbH, Donauwörth

2.8 My bicycle (Wortfeld Fahrrad)

Arbeitsanleitung:

My bicycle

Schneide die Begriffe aus und klebe sie auf deinen Arbeitsbogen, oder schreibe sie direkt in die vorgesehenen Lücken.

Teile des Fahrrads:

bell	handlebars	reflector
carrier	pedals	saddle
chain	pump	spokes
front brake	rear brake	tyres
front light	rear light	wheels

Klein-Landeck: Fundgrube für die Freiarbeit Englisch © Auer Verlag GmbH, Donauwörth

2.9 Using your dictionary (Wörterbuchtraining)

Leitkarte:

Using a dictionary

Get to know your dictionary better. This quiz may help you! Look at the questions and try to answer them. Use all parts of the dictionary (English–German, Deutsch–Englisch, Picture pages, Study pages). Please write down the correct answers.

Karteikarten mit Suchaufträgen:

1. Schlage den Buchstaben *B* auf. Wie heißt das erste und wie das letzte Stichwort, das mit *B* beginnt?

2. Suche ein schönes englisches Wort, das mit *lov-* beginnt.

3. Welche dieser Wörter sind englisch, welche sind bloß erfunden?
   year, month, klocke, week, day, gumpf

4. Ordne die Wörter alphabetisch. Wie viel Zeit benötigst du? Wie lange braucht dein Tischnachbar?
   knock, ear, grass, butterfly, four, information, centre, hunger

Klein-Landeck: Fundgrube für die Freiarbeit Englisch © Auer Verlag GmbH, Donauwörth

5. Diese Buchstaben lassen sich von links nach rechts lesen. Wie viele englische Wörter entdeckst du?
W – H – E – N – D – E – A – R – N – I – N – E

6. Diese Buchstaben lassen sich von links nach rechts lesen. Wie viele englische Wörter mit mindestens 3 Buchstaben kannst du entdecken?
N – K – N – O – W – A – N – T – A – S – K – I

7. ODD ONE OUT: Ein Wort passt jeweils nicht.
- *red – blue – brown – stupid*
- *milk – water – juice – oil*
- *car – rocket – pram – plane*

8. Was bedeuten die englischen Abkürzungen?
a) *OK:* b) *CD:*
c) *AE:* d) *BE:*

9. Was heißt auf Englisch: *Jemanden auf den Arm nehmen* (TIPP: Schlage sowohl bei *nehmen* als auch bei *Arm* nach!)?

10. Wie lautet das kürzeste englische Wort in deinem Wörterbuch?

Klein-Landeck: Fundgrube für die Freiarbeit Englisch © Auer Verlag GmbH, Donauwörth

11. Wie heißen die Einwohner von ...?
a) *Great Britain:*
b) *Ireland:*
c) *Scotland:*
d) *Wales:*

12. Schreibe ein harmloses englisches Schimpfwort auf, das du im Wörterbuch gefunden hast.

13. Wie sagt man *Auto* ...
in den USA?
in Großbritannien?

14. Suche 3 englische Wörter für *Pullover.*
a)
b)
c)

15. Was bedeutet wörtlich übersetzt *Spice Girls?*

16. Wie lautet dein englisches Lieblingswort in diesem Wörterbuch?

Klein-Landeck: Fundgrube für die Freiarbeit Englisch © Auer Verlag GmbH, Donauwörth

17. Wie schreibst du das englische Wort *marmalade* auf Deutsch? (Vorsicht!)

18. Suche die englischen Namen deiner 3 Lieblingsfächer in der Schule.

Weitere mögliche Fragen zu „Using a dictionary“:

19. Wie nennen englische oder amerikanische Kinder ihre Mama?
20. Was heißt auf Englisch a) *König* b) *Königin?*
21. Wie heißen deine Lieblinssportarten auf Englisch?
22. Schreibe den schönsten Blumennamen auf, den du finden kannst.
23. Findest du ein englisches Wort, das mit „x“ anfängt?
24. Schreibe ein superlanges englisches Wort auf.
25. Schreibe den englischen Namen deines Lieblingstieres auf.

Lösungskarte / Answers

1. *babble* (*plappern*) und *byte* (*Byte* in der Computersprache)
2. *love (Liebe)*
3. englische Wörter sind: *year (Jahr), month (Monat), week (Woche)* und *day (Tag).*
4. *butterfly, centre, ear, four, grass, hunger, information, knock*
5. andere Wörter: *hen (Henne), end (Ende), dear (teuer), ear (Ohr), earn (verdienen), nine (neun)*
6. *ink (Tinte), know (wissen), now (jetzt), want (wollen), ant (Ameise), task (Aufgabe), ask (fragen)*
7. *stupid – oil – pram*
8. *OK (in Ordnung), CD (Compact Disc), AE (Amerikanisches Englisch), BE (Britisches Englisch)*
9. *To pull somebody's leg.*
10. *a = ein, eine* oder *I = ich*
11. Die Einwohner von
    - Great Britain: *the British*
    - Ireland: *the Irish*
    - Scotland: *the Scottish*
    - Wales: *the Welsh*
13. *Auto*: USA: *automobile* (AE) – England: *car* (BE)
14. drei Wörter für *Pullover*: a) *pullover*, b) *jumper*, c) *sweater*
15. *Spice Girls = „Gewürz-Mädchen“*
17. *marmalade* = Zitronen- oder Orangenmarmelade. Alle anderen Sorten heißen *jam*!
19. *Mama* auf Englisch: *mum, mummy* oder *mom*
20. *König = king, Königin = queen*
23. z.B. *Xmas = Weihnachten*

Klein-Landeck: Fundgrube für die Freiarbeit Englisch © Auer Verlag GmbH, Donauwörth

3.1 Action cards (Auftragsröllchen)

Leitkarte:

Action cards

Read the sentences and act them out.
Please do not disturb other pupils.
It's fun to play this game with a partner.

Handlungsanweisungen:

Wash your hands, your face, your feet and your shoulders.

Open the classroom door and say "Good morning".

Spell the word "pencil case".

Clean the teacher's desk.

Klein-Landeck: Fundgrube für die Freiarbeit Englisch © Auer Verlag GmbH, Donauwörth

Go to your best friend and say “Hello”.

Say “Good night“ to your teacher.

Stand on your chair and say “I am the greatest“.

Sit under your desk and say “miaow“.

Open a window and say “Hi, I’m Dieter Bohlen“.

Write on the blackboard: “I love English!“

Klein-Landeck: Fundgrube für die Freiarbeit Englisch © Auer Verlag GmbH, Donauwörth

Draw a banana on the blackboard.

You are a very funny clown now. Try to eat an apple.

Move like a wild animal at London Zoo.

Walk around the classroom like an elephant.

Shake hands with two very nice classmates.

Step on your chair and say “I’m the boss”.

Klein-Landeck: Fundgrube für die Freiarbeit Englisch © Auer Verlag GmbH, Donauwörth

3.2 Treasure hunt (Schatzsuche mit Wegbeschreibung)

Treasure hunt – Die Schatzsuche

Follow these directions and find the treasure. Good luck!

- Go to the classroom door, open it and turn left.
- Go through the glass door, turn left and go straight on through the Assembly Hall. Go through the exit.
- Turn right and go straight on.
- At the corner turn right again.
- Go past Mr Hansen's (Hausmeister) window.
- At the corner of the school building turn right.
- Near one of the windows there is a lamppost. Go there and you'll find a box. Open it and take a jellybean each!
- Come back to the classroom quietly and smile!

3.3 Read and draw-Karten (Zeichnungen zu Texten anfertigen)

Karteikarten mit Situationen:

Read and Draw 1

A nice Sunday

Vera is playing tennis in her room. Her mother is standing on the radio. She is painting Vera's bicycle. Her dog Sniff is doing his homework. Butterfly, Vera's cat, is watering the flowers.

Klein-Landeck: Fundgrube für die Freiarbeit Englisch © Auer Verlag GmbH, Donauwörth

Read and Draw 2

Class 5a

Six pupils are in class 5a. Bob is dancing on his desk. Mary and Ann are lying in the cupboard. Tom and Dave are playing football with the bin. Sue is sitting in her schoolbag and having some chalk for breakfast.

Read and Draw 3

Pets

Tom has many pets. His hamster is blue and red. The snake is pink and very fat. His dog Jack and the parrot are in the fridge. The tiger is sitting in a basket and reading a comic. Tom is sleeping in a yellow box.

Klein-Landeck: Fundgrube für die Freiarbeit Englisch © Auer Verlag GmbH, Donauwörth

3.4 Sports Quiz (Ratespiel zu Sportarten)

Leitkarte:

Sports Quiz

Read the descriptions and find out what kind of sport it is.

Karteikarten mit Sportarten:

football	ice hockey
swimming	tennis
boxing	table tennis

Klein-Landeck: Fundgrube für die Freiarbeit Englisch © Auer Verlag GmbH, Donauwörth

Beschreibung der Sportarten:

There are 11 players in each team. Two of them are goal-keepers. The others must kick the ball into the other team's goal. This game is very popular in Germany. It's…	You need sticks for this game and wear very special clothes. You play on ice. You must try to score goals. But you must not hit other players with your stick. It's…
You need a large pool full of water. You must be very fast and use your arms and legs to get to the other side. You can also do this sport on your back. It's…	There are two or four players on each side. They can play this game outside or in a gym. They play with a very fast ball and they hit it over a net. It's…
There are two people in a ring. They must wear gloves. They hit each other ond often it re-ally hurts. Many of them have a broken nose. Also women do it. It's…	There are two or four players on each side. They play in a hall because outside it's too windy. They have a small white ball. It must hit the table behind the net. It's…

Klein-Landeck: Fundgrube für die Freiarbeit Englisch © Auer Verlag GmbH, Donauwörth

3.5 Mike's dancing class (Bewegungsanweisungen umsetzen)

Leitkarte:

Mike's dancing class

Welcome to Mike's dancing class. What about a good fitness training? Here are some great exercises for you. Enjoy yourselves!

Anregungen für Bewegungsanweisungen:

- Bend forward.
- Lift your left arm.
- Lift your right arm.
- Touch your toes.
- Stretch your arms above your head.
- Stand up straight.
- Touch your left foot with your right hand.
- Touch your right foot with your left hand.
- Touch your left ear with your right foot.
- Lift your right arm and bend to the left.
- Lift your left arm and bend to the right.
- Relax!
- Lift your right foot.
- Lift your left foot.
- Lift your two feet.
- Jump on one leg.
- Jump on two legs. …

Klein-Landeck: Fundgrube für die Freiarbeit Englisch © Auer Verlag GmbH, Donauwörth

Klein-Landeck: Fundgrube für die Freiarbeit Englisch © Auer Verlag GmbH, Donauwörth

Würfelspiel zum englischen Satzbau (SVO)

SUBJECT	VERB	OBJECT	
wer?	tut	was?	mit wem?, wo?, wann? etc.
Ex.: *Tom*	*feeds*	*the cow*	*at school.*

4.3 Ort vor Zeit! (Kartenmaterial zum Auslegen)

Kartenmaterial:

Satzanfänge	Ortsangaben	Zeitangaben
Robinson left	for the Caribbean	in 1659.
The Olympic Games took place	in Australia	in 2000.
The first man landed	on the moon	in 1969.
Druids meet	at Stonehenge	on June 24.
Jesus was born	in Bethlehem	2000 years ago.
The Beatles became famous	in Hamburg	in the 60s.

Klein-Landeck: Fundgrube für die Freiarbeit Englisch © Auer Verlag GmbH, Donauwörth

5.1 Simple present (Bildung der 3. Person Einzahl)

Leitkarte:

Simple present (einfache Gegenwart)

Das ***simple present*** benutzt man, um über Gewohnheiten oder regelmäßige Ereignisse zu sprechen. Man benutzt es auch, wenn man beschreibt, dass mehrere Dinge nacheinander geschehen (z. B. in einer Geschichte).

1. Person Einzahl	*I live in London.*
2. Person Einzahl	*You live in London.*
3. Person Einzahl	*He, she, it live**s** in London.*
1. Person Mehrzahl	*We live in London.*
2. Person Mehrzahl	*You live in London.*
3. Person Mehrzahl	*They live in London.*

Regelkarte Nr. 1:

Bei ***I, you, we*** und ***they*** hat das ***simple present*** dieselbe Form wie der Infinitiv (= Grundform des Verbs). Nur in der 3. Person Einzahl *(Bob, Jane, my sister, a dog, the teacher, a house, he, she, it)* wird ein ***-s*** angehängt: ***He, she, it:* ein *-s* muss mit!**

Regelkarte Nr. 2:

Endet das Verb mit einem **Zischlaut,** wird in der 3. Person Einzahl ein ***-es*** angehängt.

Example: *wish* > *he/she wish**es***

Klein-Landeck: Fundgrube für die Freiarbeit Englisch © Auer Verlag GmbH, Donauwörth

Regelkarte Nr. 3:

Achte auf die **besondere Schreibweise** einiger Verben!
Verben auf Konsonant + *y* enden auf ***-ies.***
Verben auf Vokal + *y* hängen nur ***-s*** an.
Examples: *hurry > he/she hurr**ies***
*play > it play**s***

5.2 Present progressive – Gelbes Material (Bildung der Verlaufsform der Gegenwart)

Leitkarte:

Present progressive

Das ***present progressive*** wird mit einer Form von ***be*** (*am, is* oder *are*) und der ***ing*-Form des Verbs** gebildet.

- In der Regel hängt man an die Grundform des Verbs *-ing* an: ***sleep – sleeping***
- Das stumme ***-e*** am Ende mancher Verben fällt dabei weg: ***come – coming***
- Bei manchen Verben wird der letzte Buchstabe vor der Endung *-ing* verdoppelt: ***swim – swimming***

Klein-Landeck: Fundgrube für die Freiarbeit Englisch © Auer Verlag GmbH, Donauwörth

Arbeitsblätter A und B:

Present progressive A

What are these people doing? Use the following words:

have a picnic – sleep – sing – use a computer – kiss – play football – go shopping – dance – drink coffee – take a shower – ride a horse – make a phone call – ride a bicycle – eat a sandwich

1. The lady is ______________________________
2. The family is ______________________________
3. The woman is ______________________________
4. The man is ______________________________
5. She is ______________________________
6. The lady is ______________________________
7. They are ______________________________
8. She is ______________________________
9. They are ______________________________
10. The man is ______________________________
11. These two are ______________________________
12. The boy is ______________________________
13. They are ______________________________
14. The men are ______________________________

Klein-Landeck: Fundgrube für die Freiarbeit Englisch © Auer Verlag GmbH, Donauwörth

Present progressive B

Who is doing what?
Write down the number of each picture in the correct box.

Number of picture	Who is doing what?
	He is sitting.
	She is carrying a suitcase.
	They are shaking hands.
	They are dancing.
	She is brushing her hair.
	She is crying.
	He is standing.
	He is smiling.
	She is washing her hair.
	She is giving him a present.
	She is kissing the girl.
	He is opening the present.
	They are singing.
	He is reading a book.
	He is lying down.
	She is talking to him.
	She is laughing.
	He is sleeping.

Klein-Landeck: Fundgrube für die Freiarbeit Englisch © Auer Verlag GmbH, Donauwörth

5.6 Going-to future (Bildung der Zukunft)

Vorlage Beschriftung für gelbe Karten:

Vorderseite	Rückseite
I am	Am I
You are	Are you
Liz is	Is Liz
Bob is	Is Bob
It is	Is it
We are	Are we
You are	Are you
Kids are	Are kids

Vorlage Beschriftung für grüne Karten:

going to	going to
going to	going to
going to	going to
going to	going to

Vorlage Fragezeichen:

?	?	?	?	?	?	?	?

Vorlage Beschriftung für rote Karten:

rain all day	go swimming
write letters	go to London
read a book	go to the disco
buy a new CD	play football
win the match	catch a mouse
sing a song	kiss the baby
spend much money	say hello to Granny
go shopping	

Klein-Landeck: Fundgrube für die Freiarbeit Englisch © Auer Verlag GmbH, Donauwörth

5.7 Going-to-future-Scheibe (Drehscheibe zur Satzbildung in der Zukunft)

Beschriftung obere Scheibe:

I	You	Bob	Daisy
It	We	The kids	Tom & Pat

Beschriftung mittlere Scheibe:

am going to	are going to	is going to

Beschriftung untere Scheibe:

lose the mobile	play golf	eat ice cream
go to a concert	watch a good film	play games
let the dogs out	rain	read Harry Potter
go to London	buy new CDs	sleep
sing a great song	go shopping	write a letter
dance all night	win the match	play ice hockey
ride a wild horse	buy a fast car	go swimming

5.8 Zeiten-Würfel (Bildung wichtiger Zeitformen)

Leitkarte:

Zeiten-Würfel

1. Nimm die drei Würfel.
2. Würfle auf einem kleinen Arbeitsteppich.
3. Trage das Ergebnis in die Tabelle ein.
4. Bilde die richtige Form des Verbs und schreibe deinen Satz auf.

Klein-Landeck: Fundgrube für die Freiarbeit Englisch © Auer Verlag GmbH, Donauwörth

Arbeitsblatt:

Subject	Activity	Tense	Answer
she	*read a book*	*present progressive*	*She is reading a book.*

Kontrollblatt:

Activity	Pronoun	Tense	Answer
play football	*I*	*simple present*	*I play football.*
watch TV	*You*	*present progres-sive*	*You are watching TV.*
listen to music	*He, She*	*simple past*	*He/she listened to music.*
go to London	*We*	*will-future*	*We will go to London.*
read a book	*You*	*going to future*	*You are going to read a book.*
have a party	*They*	*freie Auswahl*	*They ... a party.*

Klein-Landeck: Fundgrube für die Freiarbeit Englisch © Auer Verlag GmbH, Donauwörth

6.1 Fortune-tellers (Wahrsager-Spiel)

Leitkarte:

Fortune-tellers

Play fortune-tellers with a partner. Ask and answer questions.

Question: *Will I be rich?*

Possible answers:
(+) *Yes, you will. / Yes, I think you will.*
(-) *No, you won't. / No, I think you won't.*
(?) *I don't know.*

Karteikarten mit Fragen:

Will I be rich?	Will I be a famous football player?
Will I eat cats and mice?	Will I be a dangerous gangster?
Will I drive a fast car?	Will I live in Hollywood?
Will I be a famous pop star?	Will I go to work on my roller skates?
Will I be a teacher?	Will I have a large house and a pool?

Klein-Landeck: Fundgrube für die Freiarbeit Englisch © Auer Verlag GmbH, Donauwörth

Will I have six children?	Will I meet Michael Jackson?
Will I be a million-aire?	Will I have lots of friends?
Will I fly to the moon?	Will I have any pets?
Will I be happy?	Will I have time?

6.2 Mystery Person (Partnerspiel zur Personenbeschreibung)

Leitkarte mit möglichen Fragen:

Mystery Person

Finde durch geschicktes Fragen die *Mystery Person* des Spielpartners heraus! Erlaubt sind aber nur Fragen, die mit *yes* oder *no* beantwortet werden können.

Possible questions and answers

- Is your person a woman / a man? – Yes, he / she is. No, he / she isn't.
- Has he / she got black / brown / grey / blonde hair? – Yes, he / she has. No, he / she hasn't.
- Has he / she got glasses? – Yes, he / she has. No, he / she hasn't.
- Has he / she got a cap or a hat? …
- Has he got a beard? …
- Has she got earrings? …

Klein-Landeck: Fundgrube für die Freiarbeit Englisch © Auer Verlag GmbH, Donauwörth

6.3 Problem page (Partnerspiel zu Teenagerproblemen)

Leitkarte mit Spielanweisung:

Problem page

You are a psychologist. Choose an interesting problem from these cards and give a suitable answer.

Du bist Psychologe / Psychologin. Wähle aus den Karten eine interessante Frage und gib eine geeignete Antwort.

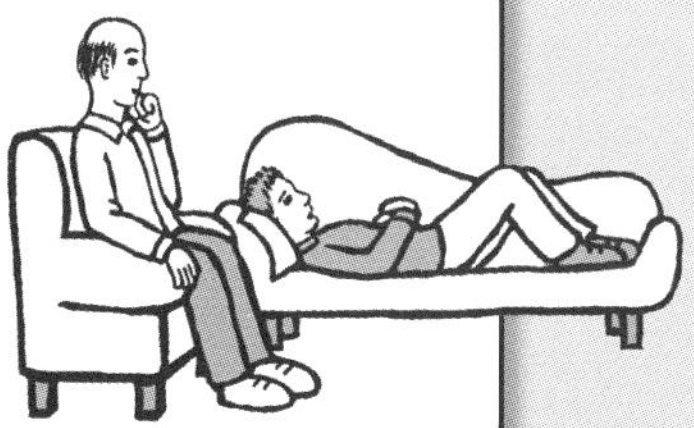

Karteikarten mit Teenager-Problemen:

My father won't let me drive his new Porsche. Can you help me?	I'm not allowed to buy cool clothes. I'm sick of wearing potato bags. Everyone laughs at me!
My problem is that I'm too shy. When I talk to boys I blush. What can I do?	I want to invite 100 friends to a party at our house. But my parents won't let me. Help!
My parents are very strict. They always wake me up before lunch. What can I do about it?	I don't like school. I don't like discos. I don't like sports. I don't like shop-ping. What can I do?
I really hate my sister. She always uses my make-up. Can you help me?	I really hate my brother. He always steals my Robbie Williams posters. What can I do?

Klein-Landeck: Fundgrube für die Freiarbeit Englisch © Auer Verlag GmbH, Donauwörth

My parents don't give me enough pocket money. Only 100 Pounds a week – that's not fair!	My problem is that I'm terrible at maths. And at biology. And at arts. And at English. Help me!
I hate tidying up my room, so my mother is always angry. What can I do?	My father is very strict. He won't let me go out with friends after midnight. Can you help me?
I've got horrible pimples on my face. What can I do about them?	I look like Michael Jackson after another cosmetic operation. What can I do?
Girls don't go out with me because I collect spiders. I think they're lovely, but the girls don't.	I'm so tall boys can't kiss me without climbing a ladder. What can I do?
I am so cool and absolutely beautiful. I look fantastic. Why does nobody like me?	At the disco nobody wants to dance with me. They all hate my bad smell. Help me!

Klein-Landeck: Fundgrube für die Freiarbeit Englisch © Auer Verlag GmbH, Donauwörth

6.4 Superstitions (Kurzantworten mit *Yes, I do/No, I don't*)

Leitkarte:

Superstitions

Answer the questions or ask your partner to answer them. These words may help you:

Yes, I do./No, I don't. Or:
Yes, I am./No, I'm not. Or:
Maybe.

Kärtchen mit Fragen:

Do you believe in ghosts?	Are you afraid of Friday 13th?
Do you think UFOs exist?	Are you afraid of dark forests at midnight?
Do you believe in fortune-telling?	Do you believe in little green men from Mars?
Are you afraid of vampires?	Do you believe in horoscopes?

Klein-Landeck: Fundgrube für die Freiarbeit Englisch © Auer Verlag GmbH, Donauwörth

6.5 Can you? (Kurzantworten mit Yes, I can / No, I can't)

Kärtchen mit Fragen:

Can you run very fast?	Can you jump like a monkey?
Can you say "I'm sleeping"?	Can you eat 10 burgers with chips?
Can you eat like a horse?	Can you draw a snowman?
Can you do a handstand?	Can you sing like Britney Spears?
Can you spell the word "alphabet"?	Can you speak Turkish?
Can you draw a monster with 6 arms?	Can you dance like Michael Jackson?
Can you speak English?	Can you play rugby?

Klein-Landeck: Fundgrube für die Freiarbeit Englisch © Auer Verlag GmbH, Donauwörth

6.6 good at – interested in (Über Stärken, Schwächen und Interessen sprechen)

Leitkarte:

Say what you are...

good at, not good at, interested in, not interested in...

- **I'm good at playing tennis.**
- **I'm not good at sailing.**
- **I'm interested in reading.**
- **I'm not interested in watching TV.**

Karteikarten:

dance	read books	swim
write letters	ride a horse	do karate
box	go shopping	sing songs
babysit	play cards	read comics
eat burgers	kiss	shout
watch horror films	buy clothes	meet friends
collect stamps	tidy my room	make spaghetti
play football	sleep long	eat chocolate
ride my bike	watch TV	play tennis
play PC games	listen to music	eat chips

Klein-Landeck: Fundgrube für die Freiarbeit Englisch © Auer Verlag GmbH, Donauwörth

6.7 Interview-Sprechblasen (Sich gegenseitig vorstellen)

Mögliche Fragen und Antworten:

My name is Sally.

What's your name?

I'm from London.

Where are you from?

How old are you?

I'm 11 years old.

Have you got any brothers or sisters?

Yes, I've got a brother. His name is Sam.

It's 2340096.

What's your telephone number?

Yes, I like swimming and dancing very much.

Have you got any hobbies?

Fiona is my best friend.

Who is your best friend?

Have you got any pets?

Yes, I've got a budgie called Pete.

What's your favourite colour?

My favourite colour is pink.

Klein-Landeck: Fundgrube für die Freiarbeit Englisch © Auer Verlag GmbH, Donauwörth

Mehrzahl (Plural)

Die Mehrzahl von Nomen bildest du, indem du ein ***-s*** an das Wort anhängst: *1 arm ⇒ 2 arm**s***
Wörter, die mit einem **Zischlaut** enden, erhalten in der Mehrzahl ein ***-es:*** *1 dress ⇒ 2 dress**es***
Die unregelmäßigen Pluralformen mancher Nomen musst du zusammen mit der Einzahl lernen, z. B.:
1 mouse ⇒ 2 ***mice***

Einzahl	Plural mit *-s*
arm	arms

Einzahl	Plural mit *-es*
bus	

Einzahl	unregelmäßiger Plural
child	

Klein-Landeck: Fundgrube für die Freiarbeit Englisch © Auer Verlag GmbH, Donauwörth

7.3 Question tags (Bestätigungsfragen)

Satz 1: Grüne Streifen

(+)	(–)
They *have* got a great menu,	*haven't* they?
Baked beans *are* great,	*aren't* they?
Curry *is* hot,	*isn't* it?

(–)	(+)
Warm Coke *isn't* delicious,	*is* it?
Tom *can't* cook,	*can* he?
They *haven't* got chips,	*have* they?

Satz 2: Rote Streifen

(+)	(–)
Mrs Smith *drinks* wine,	*doesn't* she?
Bob *likes* steak,	*doesn't* he?
Indians *eat* rice every day,	*don't* they?

(–)	(+)
Liz *doesn't* drink tea,	*does* she?
You *don't* eat much,	*do* you?
We don't enjoy haggis,	*do* we?

Klein-Landeck: Fundgrube für die Freiarbeit Englisch © Auer Verlag GmbH, Donauwörth

7.4 Much – many – a lot of / lots of (Mengenbezeichnungen)

much (= viel)

bezeichnet eine große **Menge** von etwas.
Es steht als Begleiter von **nicht zählbaren** Begriffen.

much	water
much	money
much	music
much	fun
much	time

many (= viele)

bezeichnet eine große **Anzahl** von etwas.
Es steht als Begleiter von **zählbaren** Begriffen.

many	books

Klein-Landeck: Fundgrube für die Freiarbeit Englisch © Auer Verlag GmbH, Donauwörth

many	CDs
many	shops
many	cars
many	people

a lot/lots of

können als Begleiter von **nicht zählbaren Nomen** und **Nomen im Plural** stehen.

a lot of	lots of
a lot of	lots of
a lot of	lots of

Klein-Landeck: Fundgrube für die Freiarbeit Englisch © Auer Verlag GmbH, Donauwörth

LONDON SIGHTS

Lies deinem Partner nur die Satzanfänge vor,
die Lösungen muss er selber finden!

1. If I am interested in buses and trains I can visit ***the London Transport Museum.***
2. If you want to see famous people in wax you must go to ***Madame Tussaud's***.
3. If people like clowns and jugglers they should go to ***Covent Garden***.
4. If you just want to relax you can spend a day in ***Hyde Park***.
5. If children want to see wild animals they can visit ***London Zoo***.
6. If you are interested in cannons and castles you should visit the ***Tower of London***.
7. If I'm interested in cyberspace entertainment I can play all the new computer games at ***Segaworld***.
8. If you want to cross the most famous bridge in London you should visit ***Tower Bridge***.

9. If people want to have tea with the Queen they go and visit ***Buckingham Palace***.
10. If you're looking at the famous river – it's ***River Thames***!

Klein-Landeck: Fundgrube für die Freiarbeit Englisch © Auer Verlag GmbH, Donauwörth

In London (Bedingungssätze I) – part II

If you want to see famous people in wax	you must go to Madame Tussaud's.
If people like clowns and jugglers	they should go to Covent Garden.
If you just want to relax	you can spend a day in Hyde Park.
If I am interested in buses and trains	I can visit the London Transport Museum.
If you are interested in cannons and castles	you should visit the Tower of London.
If you're looking at the river that runs through London –	it's River Thames!
If people want to have tea with the Queen	they go and visit Buckingham Palace.
If you want to cross the most famous bridge in London	you should visit Tower Bridge.
If children want to see wild animals	they can visit London Zoo.
If I'm interested in cyberspace entertainment	I can play all the new computer games at Segaworld.

Klein-Landeck: Fundgrube für die Freiarbeit Englisch © Auer Verlag GmbH, Donauwörth

Auer

Auer empfiehlt

Die optimale Ergänzung zu diesem Buch:

64 S., 16,5 x 23,5 cm
- Best-Nr. **6327**

Heidi Anders

55 Stundeneinstiege Englisch

einfach, kreativ, motivierend

- Der Ideenfundus für alle Lernbereiche des Englischunterrichts

Ein gelungener Stundeneinstieg, der Schüler aktiviert und fesselt, ist schon die halbe Miete! Er beeinflusst den weiteren Stundenverlauf erheblich. Mit dieser Sammlung an praxiserprobten Stundeneinstiegen wecken Sie das Interesse Ihrer Schüler und ermuntern sie, gleich loszulegen.

55 Methoden motivieren, leiten zu einzelnen Themen hin und festigen bereits Gelerntes. Sie bieten echte Kommunikationsanlässe, fördern die Konzentration der Schüler, erfassen ihre Einstellungen und ihr Vorwissen zu verschiedenen Themen.

Die übersichtliche Gliederung der Methoden mit Angaben zu Jahrgangsstufe/Lernjahr, Dauer, Thema, Voraussetzung, Material, Durchführung, weitere Hinweise sowie ein thematischer Index ermöglicht eine schnelle Auswahl. Beispiele zu jeder Methode, wo erhellend mit Lösungen, vereinfachen Ihre Unterrichtsvorbereitung!

Die Themen dieses Bandes:

- Wortschatz | Landeskunde | Grammatik | Umgang mit Texten und Literatur | Vermischtes

WWW.AUER-VERLAG.DE WEBSERVICE

www.auer-verlag.de/go/ **6327**

- Diesen Service bieten wir Ihnen zu beworbenem Titel bei uns im Internet:

Blättern im Buch | Download | Leseprobe

Auf der folgenden Seite finden Sie Leseprobe zu diesem Buch.

Bestellschein (bitte kopieren und faxen/senden)

Ja, bitte senden Sie mir gegen Rechnung:

Anzahl	Best.-Nr.	Kurztitel
	6327	55 Stundeneinstiege Englisch

☐ Ja, ich möchte per E-Mail über Neuerscheinungen und wichtige Termine informiert werden.

E-Mail-Adresse

*Der E-Mail-Newsletter ist kostenlos und kann jederzeit abbestellt werden. Ihre Daten werden im Rahmen der gesetzlichen Vorschriften geschützt.
Nähere Informationen zum Datenschutz finden Sie unter: www.auer-verlag.de/go/daten

Auer Verlag GmbH
Postfach 1152
86601 Donauwörth

Fax: 09 06 / 73-177
oder einfach anrufen:
Tel.: 09 06 / 73-240
(Mo-Do 8:00-16:00 & Fr 8:00-13:00)
E-Mail: info@auer-verlag.de

Absender:

Aktionsnummer: 94180

Vorname, Nachname

Straße, Hausnummer

PLZ, Ort

Datum, Unterschrift

Auer
Leseprobe

1.15 Bildbeschreibung aus dem Gedächtnis

keine besonderen Voraussetzungen

Overheadprojektor, Folie mit Foto

Durchführung:

- Lehrer legt Bildfolie auf.
- Schüler sollen sich das Foto ca. 10 Sekunden lang anschauen.
- Overheadprojektor wird ausgeschaltet und Schüler müssen aus dem Gedächtnis Fragen zum Bild beantworten.

Beispiele:

© Jean-Marie LANLO – Fotolia.com

mögliche Fragen:

Who can you see in the picture?
What are they doing?
What are they wearing?
How can you describe their feelings?
What is the weather like?
…

© Gorilla – Fotolia.com

mögliche Fragen:

Who can you see in the picture?
What are they doing?
What are the people wearing?
Where could it be?
…

Weitere Hinweise:

Bildfolien zum Lehrbuch können auf diese Weise als Hinführung zum Lehrbuchtext genutzt werden, ohne den Inhalt vorwegzunehmen.

Im Anschluss an diesen Stundeneinstieg können auch gezielt die Redemittel zur Bildbeschreibung erarbeitet und geübt werden.

Heidi Anders: 55 Stundeneinstiege Englisch © Auer Verlag GmbH, Donauwörth